Superar el desempleo en familia

Ginette Lespine
Sophie Guillou

SUPERAR EL DESEMPLEO EN FAMILIA

¿Cómo seguir adelante?

dve
PUBLISHING

Colección dirigida por Bernadette Costa-Prades.

«El hombre nunca tiene nada adquirido
ni su fuerza ni su debilidad.»
Aragon

© Editorial De Vecchi, S. A. 2019
© [2019] Confidential Concepts International Ltd., Ireland
Subsidiary company of Confidential Concepts Inc, USA
ISBN: 978-1-64461-434-1

Prólogo

Ayer teníamos un empleo, un salario, una posición en la sociedad... Hoy, nada. Aunque todos lo vivimos de una forma distinta según nuestro carácter y nuestra historia personal, nuestro sexo o edad, encontrarnos en el paro representa siempre una experiencia desestabilizadora. Y la sensación se intensifica porque afecta indirectamente a nuestra vida privada: en efecto, modifica las relaciones entre los miembros de la familia y obliga a reacondicionar el lugar de cada uno, tanto del cónyuge, como del padre o el hijo del que se ha quedado sin trabajo. Inevitablemente, surgen algunas preguntas: ¿Cómo ayudar al que ha perdido su empleo? ¿Cómo explicárselo a los niños? ¿Por qué todo el mundo discute siempre?

Para superar esta prueba juntos, sin demasiados estropicios, no existe una receta única. Lo mejor es intentar comprender qué está en juego. Lo que el desempleo implica va más allá de la simple angustia del día siguiente. Remite a lo que somos en lo más íntimo de nuestro ser y a la forma en la que estamos hechos psicológicamente desde nuestra infancia.

Revela también todas las carencias hasta entonces cuidadosamente escondidas.

Aprendiendo a descifrar lo que el desempleo cuenta de nosotros es posible actuar sobre la cotidianidad para que este acontecimiento desemboque en algo que no sea negativo. Una crisis rompe un equilibrio para que se cree otro nuevo. Que cada uno construya el propio...

Capítulo 1

No tengo confianza en mí mismo

Cuando estamos en el paro, a menudo nos sentimos desamparados. Sin duda el trabajo es una parte activa en la construcción de nuestra identidad. Para no perder pie, lo importante es entender lo que sentimos y por qué.

Hace todavía poco tiempo echábamos pestes por tener una agenda sobrecargada, colegas mal educados u horarios desfasados impuestos por el trabajo. Hoy, casi echamos de menos todo eso. Porque ahora, nos encontramos en casa, confrontados al vertiginoso vacío de los días. Se acabaron los horarios fijos, el ritual colectivo en torno a la máquina de café, las tareas concretas que llevar a cabo: nos hemos quedado sin trabajo.

Perder el empleo representa siempre un trastorno. Aunque intentamos persuadirnos de que no es tan grave, de que no somos el primero al que le ocurre y de que en seguida saldremos de esta, el golpe es fuerte. Ante todo, claro está, porque el paro conlleva la angustia del día siguiente: «¿Cuánto tiempo estaré en paro? ¿Podré encontrar un lugar de trabajo a la altura de mis expectativas? ¿Qué haré para llegar a fin de mes?». Incluso cuando no tenemos un carácter ansioso, esta incertidumbre oscurece el horizonte que se abre ante nosotros. Pero más allá de la preocupación material, el cambio de situación inflige también una auténtica herida: ayer todavía teníamos un rol, a veces un cargo, una utilidad en la empresa. Y ahora esa imagen se vuelve confusa: ¡no servimos para nada! Estamos fuera del circuito. Así es fácil que perdamos la confianza en nosotros mismos y que tengamos la moral por los suelos.

¿Por qué tanto trastorno?

No todo el mundo reacciona de la misma forma ante esta prueba de la vida. Todos tenemos nuestra propia historia y nuestro temperamento, lo que hace que cada una adopte comportamientos distintos ante una misma situación. Sublevación o abatimiento, recogimiento sobre nosotros mismos o actividad febril, ¡no hay nada escrito de antemano! Pero se encaje como se encaje, es un golpe duro para cualquiera.

¿Por qué nos afecta tan profundamente? Intentar entender este sufrimiento es un primer paso para no hundirnos. Eso nos lleva a preguntarnos sobre el lugar que ocupa el trabajo en nuestra vida. Porque incluso cuando no estamos enganchados al trabajo, este representa simbólicamente mucho más que un simple medio de sustento: forma parte de nuestra identidad.

Para empezar, es el que nos permite entrar de pleno en la vida adulta. Nuestras primeras nóminas representan nuestro acceso a la independencia financiera, tanto tiempo deseada. Por último, se corta el cordón umbilical para que podamos volar con nuestras propias alas. Un empleo es, ante todo, una forma de asumirnos completamente y, más tarde, un modo de asegurar la subsistencia de los nuestros.

El trabajo también nos proporciona una identidad a los ojos de la sociedad, la que figura en las tarjetas de visita, los documentos administrativos o los impresos que rellenan nuestros hijos todos los años en la escuela: profesión del padre, profesión de la madre... Sin duda, algunas profesiones tienen mayor prestigio que otras. Nos puede agradar o aburrir la que ejercemos, pero sea cual sea, nos asigna un lugar, un estatus social. Gracias a este, nos corresponde una casilla más o menos definida, y aunque a veces podamos soñar con cambiarla, ¡existimos!

El trabajo da sentido a la vida

Más allá de esta pertenencia social, el trabajo representa también una forma de afirmarnos y abrirnos personalmente. Como una base sobre la cual las personas construimos nuestra identidad. Antiguamente nadie se planteaba verdaderamente la profesión o el oficio que iba a desempeñar. A menudo se trataba de seguir el camino marcado por padres y abuelos: el hijo del médico ocupaba la consulta del padre, el hijo del panadero hundía a su vez las manos en la masa... Entonces no se trataba tanto de realizarse a través del trabajo como de ganarse la vida o adquirir poder. Hoy en día, lo primero que queremos es escoger una profesión que nos guste y que concuerde con lo que somos: «Mira lo que hago, sabrás quién soy...». El modelo de éxito actual, además de ganar mucho dinero, es «destacar en el trabajo». Por ello invertimos en él mucho de nosotros:

tiempo, energía, sentimientos... Como si fuera el trabajo el que tuviera que dar sentido a la vida. Ante esta exigencia no todo el mundo está en igualdad de condiciones: cuando se trata de un puesto poco considerado o poco remunerado, la búsqueda de sentido parece muy absurda... Este modelo incluye a todo el mundo: incluso los que desempeñan los trabajos más ingratos tienen que invertir en su trabajo. Hoy en día la realización de la persona pasa forzosamente por el trabajo: nos proporciona al mismo tiempo una imagen social y una representación de nosotros mismos.

La búsqueda del amor

En definitiva, lo que nos ofrece el trabajo es lo que buscamos en el fondo desde nuestra niñez: reconocimiento, consideración... Amor, simplemente. Durante la infancia, nos pasamos el tiempo buscando la aprobación de los padres mostrándoles lo que somos capaces de hacer. Así comprobamos nuestra capacidad de ser queridos. «¡Bravo, estoy orgullosa de ti!», nos decía mamá cuando lográbamos dar un paso después de otro, comer solos, leer nuestras primeras palabras... El reconocimiento de lo que éramos (y, con eso, el amor de nuestros padres) pasaba ante todo por el reconocimiento de lo que hacíamos. Hoy en día, sin duda, algo queda de todo eso... Y además no siempre hemos conseguido colmar esta espera de los padres. A veces, hemos decepcionado o hemos pensado que decepcionábamos. Entonces el trabajo actúa como una especie de revancha. «Les demostraré, a mi padre y a mi madre, que soy capaz de tener un buen trabajo», nos prometemos interiormente, en el momento de lanzarnos a la vida activa. Aunque no seamos conscientes de ello, la elección de nuestra profesión procede siempre de nuestra historia familiar: o hacemos lo contrario de lo que esperaban nuestros padres o bien seguimos sus huellas intentando igualarlos, incluso superarlos. Al construir nuestra identidad, el trabajo llena nuestras carencias, colmando todo lo que no ha sido satisfactorio en nuestra vida. A menudo nuestras debilidades, nuestras zonas oscuras, nuestras carencias... son la fuente de nuestros talentos.

Por todo eso, cuando el trabajo desaparece de nuestra vida, no resulta nada sorprendente que nos sintamos desestabilizados. Nuestras debilidades, que el trabajo escondía tan bien, quedan al descubierto. El despido cuestiona la idea que nos hemos formado de nuestra capacidad de ser querido. Y nos sentimos privados de una parte de nosotros mismos. Como mutilados. El trabajo participa en la construcción de la identidad y la afirmación de uno mismo; es por ello que, lógicamente, su pérdida hace vacilar el edificio. ¿Qué queda cuando se nos despoja de esta faceta? ¿Qué imagen enviamos al exterior cuando ya no tenemos un lugar tan definido en la sociedad? En resumen, ya no sabemos muy bien lo que somos a los ojos de los demás... ni en nuestro interior...

Heridas de la infancia

Ante esta herida, algunas personas son más vulnerables que otras. La intensidad del sufrimiento es el resultado de la forma en la que cada uno se ha construido desde hace mucho tiempo, desde los primeros meses de su vida. En cierto modo, la persona afectada por el paro se convierte en un bebé, ya que la imagen que tiene de sí misma y la capacidad de resistir a los traumas empezaron a formarse en ese momento, en esa etapa tan lejana. Para entenderlo es preciso interpretar lo que siente el pequeño ante el mundo que lo rodea. Al principio, con su madre forma un todo indiferenciado. No tiene conciencia de que es una persona distinta de ella: le parece una prolongación de sí mismo. Poco a poco la mirada que sus padres ponen en él hará que sienta que existe como persona. No es un todo, es diferente de su madre. Y esta mamá no siempre está junto a él: se va, regresa… Si las cosas van bien, el bebé sigue sintiendo que existe, aunque su madre desaparezca de su vista. La madre ha logrado darle la confianza necesaria, incluso cuando no está con él. Sin embargo, por distintas razones, no resulta tan sencillo superar esta etapa: el niño también tiene el sentimiento de desaparecer cuando su madre se ausenta. Se siente abandonado. Eso no va a impedir que crezca, por supuesto. Pero la imagen que tiene de sí mismo es más frágil: cuando recibe un golpe duro, la propia existencia puede sentirse afectada.

Eso explica la distinta intensidad de las reacciones de las personas afectadas por el paro. Unas se sentirán tristes, humilladas, preocupadas por su futuro. A pesar de todo, tienen la capacidad de resistir la tormenta. Otras, en cambio, se sienten totalmente hundidas, como si se les negara su ser. Es como si se reabriera una herida muy antigua: «Antes, cuando mamá desaparecía, tenía la sensación de que ya no existía. Ahora, sin trabajo, ya no soy nada».

Víctima o culpable

La situación es más difícil de asumir porque, en la mayor parte de los casos, no se escoge dejar el empleo: es el empleo el que nos deja. Y el ser humano, por naturaleza, siente pánico a pasar por una experiencia similar sin decir palabra. Nuestro ideal es mantener lo máximo posible el dominio sobre nuestra vida. Y de repente nos encontramos convertidos en el juguete de un poder casi siempre anónimo, ese «ogro de la economía» sin rostro que exige despidos, rentabilidad... Aunque en realidad muchas causas son humanas, el paro se asemeja en algunos aspectos a una catástrofe natural, una fuerza ciega y enigmática que nos supera por completo. Frente a esa apisonadora, nos sentimos muy pequeños... y terriblemente impotentes.

Entonces, sin poder evitarlo, buscamos explicaciones. Responsables. Según nuestro carácter y nuestra historia personal, escogeremos ser víctima o culpable. En el primer caso, una pregunta nos da vueltas en la cabeza sin que podamos encontrar respuesta: «¿Por qué yo?». El despido aparece como una especie de destino injusto contra el que no podemos hacer nada. Por el contrario, a veces nos acusamos a nosotros mismos de la situación: «Si me ha sucedido a mí, es porque he hecho algo mal. ¿Qué he hecho yo para merecer esto?». Tanto en un caso como en el otro nos centramos en nosotros mismos y nos sometemos a una lógica desvalorización. La herida narcisista hace tanto daño que centra toda la atención. ¿Cómo podemos salir de esta lógica infernal que oscila entre la impotencia y el poder total y que trastorna nuestra propia imagen?

Poner palabras a lo que pasa

Primero debemos intentar no dejarnos llevar por el estatus de víctima. El sufrimiento, aunque no desaparezca, no será tan intenso si decidimos no padecer más los acontecimientos. En cierto modo, se trata de que nos recuperemos, de que nos reapropiemos de los elementos de nuestra propia historia. Sin duda, deberemos enfrentarnos objetivamente a una situación difícil: ahora estamos sin trabajo, y no hemos escogido esta situación. Pero por lo menos podemos elegir la forma de vivirla o afrontarla. Y es necesario comenzar por reconocer o asumir lo que sucede. Se ha podido comprobar que el paro, a menudo por su carácter despiadado e inexplicable, es todo un trauma. Al igual que en las víctimas de accidentes o atentados, por ejemplo, la emoción que se siente en el momento del impacto es tan fuerte que a veces impide pensar. Las personas están en un estado de aturdimiento, porque no se logra dar sentido a lo que ha pasado. En caso de catástrofes mayores, los servicios públicos suelen prestar asistencia psicológica para ayudar a las víctimas a poner palabras al acontecimiento y a explicar lo que sienten. En cierto modo, es también lo que podría ayudarle a usted: hablar. Hablar para entender mejor lo que siente. Hablar para dar sentido a lo que de momento no lo tiene. Algunas asociaciones inician a veces grupos de terapia para ayudar a las personas sin trabajo a intercambiar experiencias. No hay nada milagroso en eso, por supuesto. Simplemente se trata de recibir ayuda para distanciarse un poco de lo que pasa y poder volver a la realidad.

Una identidad siempre en construcción

Pero reapropiarnos de nuestra historia es también aceptar la idea de que el paro no es la causa de todos los males que nos asaltan. A menudo es sólo el revelador de nuestra vulnerabilidad. Como se ha visto, afecta nuestros resortes más íntimos, a veces inconscientes, que difieren según el camino tomado por cada uno. Renovar los lazos con el pasado siempre permite entender por qué nos sentimos hoy tan desamparados. Un primer paso para reconstruirnos y recuperar la confianza en nosotros mismos... Sin duda, al perder el trabajo, perdemos una parte de nuestra identidad. Pero, afortunadamente, esta identidad nunca está definitivamente terminada: está siempre en movimiento... Y se repara. Por supuesto, algunas cosas no van a cambiar: nuestra historia y nuestra personalidad siguen siendo las mismas. Si alguien es tímido por naturaleza, no se transformará de repente en un intrépido caballero por arte de magia simplemente porque lo haya decidido. Pero una parte de lo que es puede evolucionar con los encuentros, las relaciones afectivas, los acontecimientos... Más que ver el paro como una catástrofe, quizá puede intentar considerarlo como un medio para evolucionar. En la infancia, las frustraciones son lo que ayuda a crecer: aprendemos a superarlas, a renunciar al poder total, a cambio de cierto dolor. Y franquea al mismo tiempo las etapas que le ayudarán a acceder a otro nivel. Hoy, el paro le fuerza a pensar de otra forma. No muy cómoda, seguramente, pero rica también en posibilidades futuras…

Lo esencial

▨ Perder el trabajo representa un trauma que afecta a la propia identidad de la persona. Eso explica que nos sintamos profundamente tocados cuando nos vemos de repente en el paro.

▨ La forma de reaccionar ante este acontecimiento nos remite a la manera en la que nos construimos durante la primera infancia y las relaciones que mantenemos con los padres.

▨ Para evitar dejarse llevar, lo mejor es no adentrarse en el estatus de víctima. Para ello, es importante reconocer lo que sucede y poner palabras a lo que se siente.

▨ Esta crisis puede ser una oportunidad para reparar las carencias personales que enmascaraba el trabajo y volver a empezar con nuevas bases.

Capítulo 2

No me atrevo a decirlo

**A veces es difícil confesar a los demás
que hemos perdido el empleo. Además
de la posición en la sociedad, tememos perder
también el lugar en el seno de nuestra familia.
Es indispensable hablar de ello, intentando encontrar
la justa distancia.**

La mala noticia llegó ayer, pero su mujer y sus hijos todavía no lo saben. Día a día, retrasa el instante en el que tendrá que contar que ya no tiene trabajo. ¿Hoy? No es el mejor momento, es mejor esperar al fin de semana para que todo el mundo esté reunido y tranquilo. Y además, ¿es necesario comunicarles la noticia? ¿Acaso no es preferible preservarlos de toda angustia, guardando silencio, hasta que encuentre un empleo? Sí, eso es, callar es la mejor solución para que no se preocupen…

Superar el desempleo en familia

Anunciar a nuestro alrededor que estamos en el paro es una prueba a la que a veces cuesta enfrentarse. Entonces puede suceder que la verdad sea sustituida por la evitación y el silencio, la mentira. Lo que los psicólogos denominan la «negación»: como la situación me da miedo, prefiero no enfrentarme a ella y me invento pretextos para no desvelarla. O bien escondo mi miedo bajo una aparente desenvoltura, esa falsa ligereza que conduce a gritar a los cuatro vientos que no, que no pasa nada grave, que todo se arreglará. Nada impide ser optimista en la vida, por supuesto, pero hacer como si el desempleo representara un incidente totalmente insignificante que no le afecta lo más mínimo se acerca mucho a una gran mentira... Más que adoptar la política del avestruz, sin duda merece la pena cuestionarse los motivos de esta huida. ¿Por qué nos cuesta tanto anunciar a los nuestros que estamos en el paro, y especialmente a la pareja?

La negación, una estrategia de defensa

Ante todo, porque pronunciar algunas palabras ya es reconocer en parte lo que pasa. Y cuando el sentimiento de pérdida es demasiado fuerte, se prefiere in-

conscientemente actuar como si la realidad no exis-
tiera. ¿Un despido? ¿Qué despido? Antes de ocultar-
lo a los demás, nos lo ocultamos primero a nosotros
mismos. Se trata de una estrategia de defensa que
permite que no nos hundamos totalmente bajo el
shock, pero impide que la solución evolucione. No decirlo permite también que nos revaloricemos ante
nuestros propios ojos, creando la ilusión de que somos
fuertes: «Si yo decido mantener el secreto es para proteger a mi familia del problema». A través de este arti-
ficio salimos del estatus de víctima pasiva para recuperar aparentemente el dominio de la situación. Pero
aunque estemos plenamente convencidos de que
actuamos como una persona responsable, preocu-
pada por la tranquilidad de los nuestros, a quien pro-
tegemos en realidad es a nosotros mismos. Se trata de
esconder la carencia, porque no soportamos que
nuestra imagen quede amputada ante la mirada del
otro. ¿Por qué? Porque, en cierto modo, tenemos el
sentimiento de no cumplir nuestra parte del contrato.
Es particularmente cierto en el hombre, que, según el
modelo tradicional, debe ganar dinero para asegurar
el bienestar de la familia. En este contexto, comunicar
a la pareja y a los hijos que se ha quedado sin empleo
se vive a menudo como una confesión de un fracaso

personal, incuso una traición: ya no podemos desempeñar nuestra función.

Yo me valoro, tú me valoras

Por consiguiente, detrás del miedo a confesarlo se esconde una pregunta angustiante: ¿cómo reaccionará el otro? La respuesta no es evidente. En realidad, todo depende de las relaciones establecidas en la pareja y de la capacidad de adaptarse a la noticia. Sin duda, se supone que la pareja tiene que hacer frente común con el afectado y apoyarle en esta prueba. La vida en común implica sin duda enfrentarse juntos a las dificultades de la vida. Nos casamos para siempre, tanto hoy como ayer, «para lo mejor y para lo peor». Pero, paralelamente, la propia noción de pareja ha cambiado y con esta lo que se espera de ella. En cierto modo, ha seguido la misma evolución que el trabajo. Antiguamente, la boda se imponía desde fuera: se ponía el anillo en el dedo, primero para unir los intereses, más que para desarrollarse en una vida en común. Hoy en día, es fruto de una elección íntima y personal: las personas vivimos juntas porque así lo deseamos y porque buscamos la forma de realizarnos. Así, esperamos mucho de esta relación. El contrato implícito que une a la pareja ha cambiado de naturaleza: lo más importante es valorarse uno al otro. Todo está construido sobre la base de la conjugación de dos narcisismos. De repente, cuando una de las partes pierde su trabajo, se produce una ruptura: la relación de intercambio se vuelve desigual, la reciprocidad deja de existir. Y podemos llegar a pensar que lo vamos a perder todo en la tormenta, no sólo nuestro lugar en la sociedad, sino también nuestro lugar en el seno de la familia.

¿Fantasma o realidad?

Este miedo no carece totalmente de fundamento: puede suceder que, tarde o temprano, después de la aparición del desempleo en la familia, se produzca un divorcio. Cuando eso sucede, la separación manifiesta sólo una crisis que se estaba incubando de forma latente. Se ha convertido en un lugar común para subrayar la fragilidad de los lazos conyugales de hoy. Nos escogemos, pero como contrapartida, nos abandonamos con mayor facilidad cuando no encontramos lo que estábamos buscando en la pareja. La pér-

dida de trabajo puede desencadenar una crisis grave, pero no es su causa inicial. Dicho esto, el temor a
la mirada de la pareja también puede despertar a veces algunos fantasmas. En cierto modo, el pasado se
desliza entonces hacia el presente y lo contamina. En
este momento, el miedo a decepcionar nos remite inconscientemente a la decepción que pudimos sentir
un día durante la infancia con nuestro padre o nuestra madre. Como si el tiempo no hubiera pasado, como si volviéramos hacia atrás. La pareja se encuentra
entonces a su pesar en un lugar que no es verdaderamente el suyo. De manera inconsciente, se recupe-
ran conflictos no resueltos de la primera infancia. Posponer el momento de anunciar el desempleo a la
pareja podría compararse a la situación del niño que
tergiversa las cosas ante la mirada de su padre porque no se atreve a presentarle sus malas notas. En ambos casos, nos sentimos culpables de no haber corres-
pondido a lo supuestamente esperado por el otro.

La familia, cómplice de la negación

Si la mayor parte de las personas afectadas por el
paro logra, a pesar de todo, superar esos obstáculos

para confesar a sus más allegados lo que les sucede, otros por el contrario se encierran durante mucho tiempo en el silencio por temor a enfrentarse a esa realidad. Pero nos equivocaríamos si imputáramos la mentira sólo a la persona que calla. Sin duda, es la instigadora. Pero dicho esto, para que esta negación funcione, también es necesario que la familia ponga de su parte. «No hay más sordo que el que no quiere oír». No hay que ser suspicaz por naturaleza para darse cuenta bastante rápido de que pasa algo anormal en la vida diaria. Aunque la persona que está en el paro despliega toda su energía para esconder lo que ocurre, también deja entrever algunos indicios que la pareja debería advertir. Pero a veces justamente el otro no tiene ganas de darse cuenta o de indagar, porque también tiene miedo de enfrentarse a una realidad demasiado perturbadora. Entonces cierra los ojos ante los pequeños indicios que se multiplican desde hace algún tiempo: su horario de trabajo se ha vuelto un poco elástico, insiste en que no le llamen al trabajo, un comportamiento poco habitual… Con esta ceguera voluntaria, evitamos todo lo que podría desestabilizar la pareja y nos hacemos cómplices de la situación. Al fin y al cabo, el silencio tiene a veces la virtud de ser útil para todo el mundo y se convierte en una especie de funcionamiento en la familia. Sin abordar lo que hace que nos enfademos, instalándonos en lo no dicho, creemos que estamos al abrigo del ciclón que amenaza la vida en común.

Encontrar la distancia justa

No obstante, a veces esta elección provoca más desperfectos de los que evita, porque se basa en algo falso. De una manera u otra, lo que se esconde acaba siempre por volver a salir a la superficie para minar las relaciones familiares. Si está en el paro, le corresponde a usted procurar que las cosas queden claras desde el principio. Sin duda, no se trata en absoluto de una noticia agradable que dar a sus allegados. Pero tienen derecho a saber la verdad. Lo quiera o no, la pérdida del trabajo los afecta también. En muchos aspectos, eso cambiará la vida familiar, su tren de vida, su organización. El paro forma parte tanto de su propia historia como de la de su familia. Lo menos que puede hacer es no dejarlos en la ignorancia. Por consiguiente, es mejor decírselo. ¿Pero cómo? En este sentido, la dificultad es encontrar la distancia justa: lo ideal es evidentemente no sumergir a toda la familia en la duda y la inseguridad. Pero en la vida real lo ideal no existe. Si nosotros mismos nos vemos afectados por el fracaso, es difícil que podamos hacer llegar palabras reconfortantes a nuestros prójimos. Por lo tanto, es inútil intentar hacer como si no fuera tan grave. Clamar «Todo va muy bien, señora» sería tan falso como no decir nada. Lo importante es conseguir traducir en palabras lo que se siente en el fondo de sí mismo: «He perdido el trabajo, y estoy triste, desanimado, enfadado...». Debemos reconocer lo que le pasa para intentar explicar la situación a los que comparten nuestra vida.

Cuidado con la queja que engulle

Seguramente obtendremos un beneficio: dialogar permite disminuir la energía emocional, poner una parte de ese peso tan fatigoso en el corazón. Dicho esto, hablar de nuestro infortunio no debe significar caer en la queja sistemática. Cuando nos sentimos mal, a veces es tentador dejarnos llevar por las dolencias y los lamentos sin fin. Incluso hay quien encuentra placer en eso. Pero se trata de un discurso re-

flejo que queda vacío y en realidad no da respuesta
a nada. El riesgo es que nos hundamos en el estatus
de víctima y arrastremos a nuestra familia en la caída. Es mejor recordar que la familia no está ahí para
lamernos las heridas. Puede apoyarnos en la prueba
y tendernos un oído benevolente. Pero si se implica
demasiado en nuestra historia, el ambiente en casa
corre el riesgo de resultar considerablemente difícil:
informar de lo que afecta, sí; implicarla, ¡no! Si no logramos distanciarnos, podemos confiar en nuestro
entorno más próximo. Un amigo, quizá, o mejor aún,
un profesional que sepa cómo tiene que prestarnos
la ayuda necesaria (véase capítulo 8). De ese modo,
más que callando o quejándonos a ultranza, lograremos conservar a nuestros más allegados.

Lo esencial

A veces posponemos indefinidamente el momento
de anunciar el desempleo a nuestros más allegados.
Este silencio es una forma de evitar enfrentarnos a la
realidad para protegernos mejor. Y también favorece
que nos hagamos la ilusión de que controlamos los
acontecimientos.

Detrás de la dificultad de confesar la pérdida del empleo se esconde también la culpabilidad de no responder a lo esperado por parte de la pareja. Hoy en día, la pareja se basa en un contrato implícito de valoración mutua. Cuando una de las partes se queda en el paro, puede temer perder también su lugar en el seno de la familia.

Es mejor, por lo tanto, que no nos encerremos en el silencio: de una manera u otra, lo que no se dice acaba siempre por envenenar las relaciones familiares. Pero decirlo no significa extralimitarse: la pareja y los hijos no son los mejor indicados para curar las heridas del alma.

Capítulo 3

¿Por qué tú tienes trabajo y yo no?

Hombres y mujeres no vivimos el paro del mismo modo. Eso se explica por el papel que la sociedad nos atribuye, pero también por la manera en que nos hemos formado desde la infancia. Pero tanto si es el marido como la mujer el que pierde el empleo, eso reactiva siempre cierta rivalidad en la pareja.

El parásito de casa… Esta es la imagen que le viene a la cabeza cuando dice adiós desde el umbral de casa a los niños que se van a la escuela y a la pareja que se va al trabajo. Cuando el paro desembarca, nos vemos confinados al hogar. No es especialmente agradable, ya que teníamos la costumbre de correr por la mañana al despacho con mil proyectos sobre la mesa. Pero esta situación se vive con mayor o menor desolación según si somos hombre o mujer. Las mujeres suelen estar en un terreno conocido; los hombres suelen tener la impresión de estar al borde del precipicio. Ante el vacío...

Esta diferencia puede explicarse sin duda por el lugar desigual que ocupa históricamente el trabajo en la vida de hombres y mujeres. Durante mucho tiempo, el reparto de roles ha asignado a cada uno un lugar muy preciso: él tenía la misión de ganar dinero fuera de casa para cubrir las necesidades de la familia; ella tenía a su cargo la vida doméstica y la educación de los niños. El esquema tenía el mérito de la simplicidad y el defecto de ser poco floreciente. Poco a poco las mujeres han conquistado el derecho a trabajar fuera de casa. El lugar que ocupa cada uno se ha vuelto menos nítido. Pero el modelo tradicional tampoco ha desaparecido por completo. Porque aunque en los medios más acomodados se empiece a dibujar un tímido reparto, la mujer sigue siendo en la mayoría de las parejas la que asume las tareas domésticas.

Dos funciones para ella, una para él

Cuando se es mujer, a menudo se tiene la costumbre de añadir al trabajo todo lo demás. La mujer se levanta antes para ocuparse de la ropa. Hace la compra en el supermercado antes de regresar al trabajo por la tarde. Siempre corre para llegar a tiempo a recoger a los niños al parvulario. En resumen, se pasa el tiempo haciendo malabares, de forma casi acrobática entre su vida profesional y las obligaciones familiares. La situación puede parecer a veces incómoda, pero tiene al menos una ventaja: cuando se queda en el paro, al menos le queda una de las dos funciones, la del hada de la casa. Dedicarse al hogar, a los deberes de los niños, a la logística familiar no es especialmente lo que esperaba, sino que incluso a veces ha huido de esta situación concreta, pero al menos ocupa el tiempo. Y, además, aunque la mujer reintegre sus funciones tradicionales, eso le impide al mismo tiempo hundirse totalmente. Por el contrario, el hombre a menudo se siente desamparado. Se ha acostumbrado a invertir todo su tiempo en el trabajo. Ocuparse de la casa, de la ropa o seguir la escolarización de los niños no entra en absoluto en sus atribuciones: tiene la impresión de que no sabe qué hacer. Pero, sobre todo, asume con dificultad ocupar ese lugar «femenino».

Cabe decir que la mirada exterior no pesa igual en él que en ella. Socialmente, se admite más que una mujer se quede sin trabajo. Para mucha gente, recupera así su lugar «natural». En cambio, el hombre a los ojos de la sociedad todavía no encaja en el papel de «padre del hogar».

Nuestra identidad depende de nuestro sexo

Pero su malestar tiene unas raíces más profundas. En efecto, el paro trastorna su identidad masculina, la que se ha construido desde la infancia. Los niños no se estructuran interiormente del mismo modo que las niñas. Y esta identidad sexuada influye en la forma en la que uno se dedica al trabajo. Para un hombre las cosas son bastante simples: afirmarse en el trabajo es, al fin y al cabo, la continuidad lógica de su construcción psíquica. Si observa a un niño de tres años, verá que no olvida nunca decirle que tiene un pene. Su sexo es el símbolo de su potencia, y su obsesión es no perderlo. Toda su energía se dirige a la afirmación de esta potencia, especialmente ante los demás. La niña pequeña, en cambio, constata lo contrario: ella no tiene pene. Entonces intenta asentar su poder de otra forma. ¿Cómo? Siendo objeto del deseo del otro, volviéndose importante para él. Ante todo se construye en la relación con los demás. Muy lógicamente, la forma de vivir el paro sigue la misma línea de reparto. Cuando pierde su trabajo, un hombre siente sobre todo una gran impotencia, ya que carece de la posibilidad de actuar. Se siente privado de su poder fálico. Una mujer se ve más bien apartada de su lugar de objeto de deseo, puesto que ya no se la quiere. El sufrimiento está presente en ambos casos, pero no pone en marcha los mismos mecanismos.

¿Quién es el hombre y quién es la mujer?

Cuando el hombre es quien está en casa, siente que se alteran los esquemas preestablecidos y se cuestiona de nuevo la identidad sexual de cada uno. Con frecuencia, la situación puede tener consecuencias en la vida amorosa de la pareja, y la impotencia del hombre frente al paro se generaliza y repercute también en su cuerpo. Su virilidad queda profundamente tocada. «Ya no soy un hombre, puesto que ya no soy capaz de mantener a mi familia», siente en lo más profundo de sí mismo. Es difícil tener una sexualidad próspera cuando uno siente que su masculinidad está en la cuerda floja… Frente a este, su mujer a veces se ve desbordada por los hábitos que tiene la obligación de asumir. Sigue acumulando trabajo y obligaciones familiares como ya hacía antes. Pero simbólicamente tiene hoy más poder, ya que es la única que mantiene a la familia. La situación tiene algo de embriagador: todo pasa por ella. Pero también lleva a la inestabilidad: en cierto modo, la mujer puede sentirse desposeída de su identidad femenina. No ha pedido la posición de todopoderosa y puede sentirse resentida con su pareja por haberla proyectado a esa situación contra su voluntad.

En cambio, cuando la mujer es la que padece el shock del paro, los problemas no se plantean en los mismos términos. Una mujer sin trabajo no se siente negada en su sexo. Pero pierde, al mismo tiempo que su empleo, los medios de emanciparse.

No todo el mundo vive esta pérdida del mismo modo. Puede que algunas mujeres, sobre todo en un primer momento, se sientan a gusto volviendo a ocuparse del hogar. Cuando una se pasa los días galopando para sacrificarse al rito del «trabajo-niños-dormir», cuando se tiene la impresión de correr sin parar a contrarreloj, casi se siente aliviada cuando el ritmo adopta por fin un ritmo menos frenético. Eso es todavía más cierto cuando se ejerce una profesión poco gratificante. El paro permite entonces, paradójicamente, revalorarse a sus propios ojos. Antes teníamos la impresión de hacerlo todo al revés, nos culpabilizábamos si no lográbamos llevar a cabo la actividad profesional y la vida de mamá. Pero el tiempo recuperado permite estar más disponible para los niños y dedicar más tiempo a la familia... Y, por el bienestar de la familia, es preciso además que la pareja sepa reconocer esta parte de trabajo y envíe una imagen positiva de éste. Sin embargo, para muchas otras, el retorno a casa se vive como una auténtica regresión. Han pasado de ser una mujer a gusto consigo misma a verse de nuevo como una Cenicienta a medianoche, expulsada de la carroza para quedar confinada al hogar. El plumero en lugar del maletín... ¡la caída es dura! Y además con la pérdida del salario se pierde la llave de la independencia: en el plano material, si no encuentra pronto un trabajo, depende del deseo de su pareja. Puede llegar el día en que la pareja se separe y ya no disponga de medios para mantenerse sola. El futuro se vuelve amenazador.

No es justo

Dicho esto, aunque el sufrimiento del hombre y de la mujer frente al paro no tienen la misma naturaleza, acaba en ambos casos en el mismo resultado: la relación de pareja puede resultar afectada. Por esencia, el paro crea un desequilibrio: uno tiene trabajo y el otro no. Esta situación provoca a veces un resentimiento más o menos consciente en el que ha perdido su empleo. Sea cual sea su sexo, vive esta asimetría como una profunda injusticia. De golpe, las inevitables tensiones del día a día se vuelven envenenadas. Uno se siente resentido por todo lo que hace o no hace. Se le reprocha su indiferencia o su desprecio. La pareja se pelea por cuestiones de dinero... La mirada de la pareja tiene, por supuesto, su importancia en el asunto: a veces es muy descualificadora. Sin embargo, antes de armar una escena doméstica y emplear palabras que puedan herir profundamente, será mejor preguntarse sobre ese rencor que gangrena la relación. Sin duda, la situación es injusta, pero tomarla con el otro a menudo también lo es. ¿Quizá no reaccione completamente como se desearía? Eso no justifica por sí solo su agresividad. En cierto modo, atribuir el problema al otro le sirve para desembarazarse de él. Además, a menudo, se le prestan sentimientos o intenciones que no tiene. Por ejemplo, si una mañana sale precipitadamente diciendo: «Disculpa, no tengo tiempo de quitar la mesa», y señala en seguida: «Lo podrías hacer tú, que no trabajas». Con esto, el resentimiento acumulado en el interior se proyecta hacia la pareja: «No tengo ninguna consideración por mí mismo; por tanto, es normal que me trate con desprecio».

Como hermano y hermana

Es imprescindible entender que los problemas de la pareja enfrentadas al tema del paro reactivan sólo las rivalidades que ya existían antes, aunque en periodo de latencia. ¿Rivalidades? Para muchos, esta simple constatación es difícil de hacer: se tiende a idealizar la vida en común. Al principio del encuentro, precisamente esta idealización permite que nazca la historia de amor. El otro nos llena de tal modo que nos sentimos tentados a anular la diferencia que existe entre los dos. Por lo tanto, no establecemos comparaciones ni competiciones, ya que formamos un todo indisociable: tú y yo contra todo el mundo… Con el tiempo, no obstante, la realidad recupera sus derechos y la bonita imagen de unidad se fisura: el otro es definitivamente el otro, no siempre compartimos los mismos gustos ni las mismas aficiones… y su realización no va siempre de la mano de la mía. Hoy en día, todo el mundo intenta desarrollarse en su trabajo, tanto hombres como mujeres. Desde esta perspectiva, la pareja se convierte en un rival. De hecho, desencadena un sentimiento comparable al que opone a un hermano y a una hermana. Todo sucede como si los dos cónyuges tuvieran en común un padre y una madre, una pareja simbólica que sería la sociedad. Como si para ser reconocidos como persona tuvieran que demostrar quién es el mejor y el más eficaz. Para ser el más amado. Cuando la situación profesional de uno y otro está relativamente equilibrada, esta rivalidad queda más atenuada. Pero cuando uno de los dos se siente lesionado, se expresa con mayor intensidad.

Saber replantear el lugar de cada uno

Reconocer esta rivalidad larvada no es algo fácil. Pero ayuda a que el paro no envenene las relaciones conyugales. Porque la rivalidad no expresada provoca una eliminación simbólica del otro: para existir, necesito que no exista. La pareja atrae sobre sí todas las recriminaciones, pero si reconocemos los sentimientos que existen en el fondo de nosotros mismos, a veces se pueden superar. Es incluso un punto de salida indispensable para iniciar un diálogo que no suene como un ajuste de cuentas. Hablar para buscar juntos las formas de acallar esta rivalidad no es en absoluto lo mismo que hablar para hacerse reproches.

Sin duda, este diálogo no es nada fácil. ¿Cómo podemos lograr superar el desequilibrio ocasionado por el paro? Todas las familias darán una respuesta diferente, la que les parezca oportuna. Esta reflexión conduce a preguntarnos sobre el modo de funcionamiento de la pareja y los roles que ha adoptado cada uno por costumbre. ¿El de esposa devota, que se sacrifica por el bienestar de los suyos? ¿El de niño que no ha crecido nunca y que espera que siempre haya alguien que se ocupe de él? ¿El de *superwoman* que no delega nunca nada? ¿El de padre de familia que actúa como si todo funcionara solo? Cada familia se moldea en un esquema muy particular, a menudo instaurado desde hace tanto tiempo que ni siquiera se plantea que haya otros. Con todo, la crisis permite precisamente replantearse el sistema. Es el punto de salida para una posible evolución.

Complementarios más que rivales

Toda la dificultad consiste en readaptarse a una nueva forma de actuar ante los acontecimientos: en primer lugar, con la llegada del paro, pero también con su desaparición algún día. Si nos hemos anclado en un tipo de comportamiento con la pareja durante años, a veces cuesta reestructurar el contrato que nos une. Pero para que nadie se sienta sacrificado, es preciso saber moverse de lugar y de papel según el momento, inventar una nueva organización, repartir las tareas de otro modo. El objetivo es sustituir el sentimiento de rivalidad (o yo o el otro), la búsqueda de complementariedad (soy yo y el otro): lo que no hace uno, lo hace el otro... sabiendo que al día siguiente pueden cambiar los papeles. Si, en ese momento, la mujer es la que va a recoger a los niños a la salida de la escuela porque tiene más tiempo, eso no implica que siga haciéndolo eternamente. Lo esencial es que haya un equilibrio, siempre flexible, entre la realización personal de cada uno y la vida familiar. Para ello, es necesario no permanecer anclado en sus representaciones: todo el mundo tiene una idea de lo que tiene que ser una pareja, pero la experiencia nos lleva a veces a revisar nuestra copia.

Debemos aceptar también que la pareja cambia, sin que nos sintamos traicionado por ello. Sí, el hombre en el paro de hoy es distinto al joven emprendedor al que conocimos y, a su vez, esta nueva prueba contribuirá al cambio. Más que ver en esta diferencia un ataque a la relación de pareja, mírela como una oportunidad para descubrir algo desconocido en él. La ruptura provocada por el cambio de situación puede ser fuente de sorpresas. Déjese llevar por la curiosidad...

Lo esencial

Hombres y mujeres no actúan del mismo modo ante la experiencia de encontrarse en el paro. A menudo los primeros se sienten profundamente afectados, porque la pérdida de trabajo destruye su identidad masculina.

Las mujeres también sufren la pérdida de aquello por lo que han luchado, pero están menos sujetas al abatimiento, porque conservan, con las tareas domésticas, una parte de sus prerrogativas tradicionales.

En ambos casos, el paro altera la vida de pareja. El desequilibrio de la situación provoca resentimiento por parte del que ha perdido el trabajo. Es la expresión de una rivalidad entre cónyuges: se miden uno a otro en su búsqueda de desarrollo profesional. Reconocer esta rivalidad permite superarla e imaginar un nuevo funcionamiento familiar que tenga en cuenta la situación.

Capítulo 4

Mamá, ¿por qué estás triste?

Aunque el paro es un asunto de «mayores», los hijos tienen derecho a saber lo que está sucediendo. Aunque no por ello deben convertirse en nuestros confidentes.

Con su perspicaz mirada, el eterno inquisidor se acerca con seriedad: «Mamá, ¿por qué estás triste?». Era de esperar: nuestros hijos se han dado cuenta de que algo no funciona. Desde que la amenaza del paro pasea su nube oscura por encima de nuestra cabeza, estamos preocupados, tensos, ausentes... Ahora que la situación está clara, habrá que decidirse a decirles algo. Pero no es tan fácil. Cuando se es padre, por fuerza se intenta preservar lo máximo posible a los niños de las preocupaciones de la existencia. Nos gustaría tanto que estuvieran en ese paraíso donde la angustia y la tristeza no tienen lugar... Sería bonito, claro, pero nadie puede evitar las experiencias desagradables a sus hijos. ¡Forman parte de la vida! Y seguro que nuestro hijo no habrá tenido que esperar a este acontecimiento para descubrir que no todo funciona exactamente según nuestros deseos. Pero hoy tiene la sensación de que se trata de un problema demasiado duro para su frágil espalda.

Es cierto, el paro es ante todo un asunto de adultos. Antes de los seis o siete años, el niño entiende sólo de forma confusa el papel del trabajo en la vida, el valor del dinero y, por tanto, el alcance del problema. Su propio registro no es todavía el razonamiento, sino lo afectivo. Y así es como vive el evento: no piensa, siente. Si es un poco mayor, sin duda tiene más recursos para hacerse una idea de lo que significa el paro. Pero no puede todavía captar todas las consecuencias. Entonces, ¿cómo podemos evaluar su grado de madurez para darle la noticia?

¿Y si fuera culpa mía?...

La peor opción es guardar silencio. Es imprescindible no mantener a los niños en la más pura ignorancia de lo que los afecta. Aunque sean muy pequeños, son capaces de percibir intuitivamente que algo ha cambiado en el ambiente familiar. Esas pequeñas cosas que despiertan la preocupación de los más pequeños: mamá está más triste, papá tiene el semblante triste, ambos se enfadan por nada o hablan a media voz. El enigmático perfume que se desprende de todo ello mantiene al niño en una angustia vaga y difusa.

Pero esa angustia es para él más difícil de digerir que una preocupación claramente identificada. Porque cuantas menos cosas sepa, más terreno ganarán los fantasmas. Cuando olisquea un problema sin saber en qué consiste, su tendencia natural lo lleva a imaginar lo peor. ¿Quizás es responsable del cambio de sus padres? «Y si papá no quiere ya comprarme juguetes, es porque me quiere menos que antes… ¿Qué he hecho mal?». Así, despierta en él una culpabilidad que nunca está demasiado profundamente dormida. Seguro que tiene algunos malos pensamientos en la conciencia… ¡Pensamientos negativos hacia sus padres, incluso! ¿Quizás esos pensamientos han tenido el efecto mágico de atraer la maldad sobre su madre o su padre? Esta eventualidad supone una carga mucho más pesada que el anuncio de un despido…

¡Superpapá en el armario!

Poner palabras a lo que sucede ayuda a encontrar el origen de la angustia y a dar sentido al cambio que el niño ha percibido. La realidad es siempre mucho menos horrorosa que todas esas historias derivadas de su imaginación. No es preciso ahogarlo en explicaciones. Lo esencial es darle la información de la forma más clara posible, quitándole el peso de una eventual responsabilidad.

Para ello, también es necesario que el padre esté decidido a reconocer ante su hijo que no es todopoderoso. Así, dejar en el armario la panoplia de superpapá o supermamá y explicarle que nos hemos quedado sin trabajo es un modo de confesar también que no somos magos, que no siempre podemos cambiar los acontecimientos. En cierto modo, eso significa mostrar nuestros límites. Nos habría gustado erigirnos en ejemplo a seguir, nos creíamos el modelo que ayuda a nuestros hijos a dibujar su camino en la vida... Y de repente nos vemos en blanco, condenados a sufrir un destino que no hemos escogido. «¡Bonito ejemplo!», pensamos de nosotros mismos los días de depresión. Sin embargo, esta situación también puede enseñar una buena lección a nuestros hijos. Ciertamente, el paro hace que bajemos de nuestro pedestal. Pero nos permite al mismo tiempo mostrarles que frente a la adversidad se puede optar por remangarse. ¿Por qué no presentarles las cosas bajo esta nueva luz? Sin maquillaje, pero con esperanza: «Quizá te has dado cuenta, estoy un poco preocupado en este momento. No tiene que ver contigo. Tengo que dejar mi trabajo. No estaba previsto, pero no te preocupes, haré todo lo posible para encontrar otro trabajo lo más pronto posible».

Cuando los papeles se invierten

Al subrayar que nos enfrentamos al problema, enviamos la imagen de un adulto con el que pueden seguir contando. Papá no es todopoderoso, pero luchará... Porque además de saber la verdad, el niño tiene que ser confortado. Tenga la edad que tenga, sus padres son para él un apoyo indispensable. Gracias a ellos, puede comer, crecer, en definitiva, vivir. Depende totalmente de ellos... y lo sabe. Por lo tanto, es mejor no dramatizar la situación delante de él e intentar abrir las puertas al futuro. Si por el contrario nos presentamos ante él como víctimas agitadas por los acontecimientos, corremos el riesgo de que se sitúe en una lógica de infantilización que sólo conseguirá angustiarlo. En efecto, debemos situarnos a su nivel. Pero nuestro hijo necesita sentir que estamos por encima de él, como una potencia tutelar que lo proteja. ¿Cómo sentirse tranquilo en el interior de sí mismo cuando ya no puede apoyarse en los que le han dado la vida? El lugar de cada uno vacila, la autoridad ya no tiene sentido. Algunos niños se sienten tentados también de invertir los papeles y reconfortar a su padre o a su madre que se sienten tan desvalidos, cargando con todas sus angustias. Otros tienen muchas dificultades para dejar a sus padres, se pegan a ellos como el mejillón a la roca: en un ambiente de inseguridad, la separación se vuelve imposible. Otros, en cambio, desarrollan una especie de sentimiento de agresividad: ese padre tan necesario no es fiable, puede abandonarme y me siento resentido de que no pueda asumir su rol...

Un niño no es un confidente

De algo podemos estar seguros: sea cual sea su reacción, un niño que ocupa el lugar del adulto queda, sin duda, afectado por ello. Es mejor intentar do-

54

minar los sentimientos. Sin duda, nunca podemos ser completamente neutros cuando nos sentimos tocados de lleno por un acontecimiento tan desestabilizador como el desempleo. Pero en ese caso, es importante encontrar la justa distancia. Aunque sea legítimo que seamos «sinceros» delante de los niños cuando les comunicamos una parte de lo que sentimos, tampoco se trata de que se conviertan en nuestros confidentes ni de hacerles llevar el peso de la situación. ¡Ellos no deben cargar con nuestras preocupaciones! Debemos ser nosotros, los adultos, los que los protejamos de la ansiedad, no lo contrario. Si deseamos expandirnos y expresar nuestra intranquilidad, es preferible no hacerlo delante de ellos.

Así, cuando los padres logran mantener su puesto de adulto, los niños tienen muchas más posibilidades de no quedar muy afectados por la situación. Muchos de ellos siguen creciendo a la sombra del paro sin quedar más afectados de la cuenta. Tampoco debemos pensar que su despreocupación es una señal de indiferencia, sino más bien le debe hacer pensar que es la señal de su seguridad interior. Eso no evita que tengamos que estar atentos: un niño no siempre utiliza el lenguaje para expresar su malestar. Un sueño agitado, cambios de humor o el recogimiento en sí mismo indican que atraviesa un periodo difícil, sin duda causado por cierta angustia.

¿Es necesario hablarle de dinero?

En ese caso, es preciso dialogar con él para intentar que emerja todo lo que tiene en la cabeza. A veces basta con una simple palabra, insignificante a nuestros oídos de adulto, para que despierte en él interpretaciones erróneas. Si, por ejemplo, en el supermercado respondemos a sus insistentes peticiones con un «Ya sabes que no tenemos dinero», puede tomarse nuestra frase al pie de la letra. Aunque sea muy joven, no es impermeable al mundo en el que vive. La miseria, la desgracia, la tristeza… son conceptos de los que ha oído hablar en los telediarios, o que ha visto en la calle. La perspectiva de que sus padres no tengan dinero hace que se plantee cuestiones que pueden asustarlo: «¿Tendremos que cambiar de casa? ¿Papá se volverá como aquel señor tan pobre que pide dinero para comer?». Frente a estas terroríficas imágenes, no deje que la duda se acomode. Su hijo tiene que entender que no existe ninguna medida entre esta avería momentánea que le afecta y la historia complicada del señor que no tiene casa, que vive desde hace tiempo en un estado de desheredado total. ¡No por estar en el paro nos encontraremos en la calle! Una vez más, podemos tranquilizarlo con un discurso verdadero: se puede hablar perfectamente de dinero con los niños. Sin dramatizar: podemos decirle que tendrá qué comer, un techo sobre su cabeza, padres que le quieren, regalos el día de su cumpleaños... Pero sin que llegue a pensar que todo es posible.

Cuando se toma la revancha al destino

Cuando vivimos una situación difícil, podemos tener la tentación de jugar a Papá Noel: mimamos más a los niños cuando nos sentimos rebajados, humillados, excluidos de la sociedad. Si esquivamos el tema del dinero con ellos, comprándoles todo lo que piden, hacemos como si nos vengáramos del destino. En cierto modo, negamos la impotencia a la que nos vemos reducidos. Con todo, en este campo, es preferible responsabilizar a los niños. A menudo se muestran muy sensibles a que se confíe en ellos. Tampoco se trata de consultarles todas las decisiones financieras de la familia, sólo de apuntar algunas realidades materiales:

cuando se está en el paro, se sigue cobrando dinero, pero es preciso prestar más atención a los gastos. Sin duda, deberemos pensar otro destino para las vacaciones, posponer la compra de un nuevo coche… Y, todos los días, pasar de lo superfluo, de esas naderías con las que nos regalábamos antes sin cuestionárnoslo demasiado, de la ropa de marca que cuesta a veces el doble que la otra… A diferencia de lo que teme, no es seguro que esos ajustes haga que se lamenten. Cuando nos tomamos la molestia de dar explicaciones, los niños se muestran casi siempre mucho más razonables de lo que podríamos imaginar. Porque lo que les importa en primer lugar es que estemos contentos y se adaptan a lo que nosotros esperamos.

Mal alumno por lealtad

Esta fidelidad llega a veces a casos extremos. Así, algunos niños rozan el fracaso escolar para mostrar, de forma totalmente inconsciente, su solidaridad con su padre o su madre víctima del paro. Movidos por un sentimiento de lealtad, dejan de esforzarse, ellos también, para no correr el riesgo de superar a sus padres. Frente a sus notas en caída libre, es importante recordar al pequeño que deseamos que consiga buenas notas. Sin dramatizar la situación, pero mostrándole interés y prodigándole ánimos si es necesario: «A lo mejor te cuesta un poco concentrarte en este momento porque tienes la cabeza ocupada con otras preocupaciones. Si quieres, te ayudo a revisar tus lecciones y estoy segura de que te recuperarás. Confío en ti». Y si a la hora de hacer los deberes nos pregunta con una pizca de provocación: «¿de qué sirve sacar buenas notas en la escuela si cuando eres mayor acabas en el paro?», debemos intentar demostrarle que, a pesar de todo, es importante ser un buen alumno.

La dificultad en este asunto es, sin duda, no dejar que perciba demasiado nuestras propias dudas y debilidades. Pero la pregunta se refiere a nuestro punto más vulnerable. Es difícil responder cuando nos sentimos víctimas de la injusticia y de lo absurdo: nos lo creíamos tanto eso de que con buenas notas en la escuela se accedería a una buena situación profesional...

¿Y si miráramos las cosas de otro modo?

En cierto modo, las preguntas de nuestros hijos nos ayudan a ver las cosas desde otra perspectiva y reflexionar

Superar el desempleo en familia

más en los valores que deseamos transmitirles. El paro no significa que el trabajo escolar no tenga sentido. Simplemente es preciso encontrar otro trabajo. ¿De qué sirve esforzarse en la escuela? Pues porque eso puede ayudar a nuestro hijo a cultivar sus capacidades, a multiplicar las posibilidades de hacer más tarde lo que le guste, a entender mejor el universo que lo rodea, incluso a participar más tarde en la creación de un mundo mejor... Por supuesto, las respuestas variarán según nuestro carácter y filosofía de vida. En cualquier caso, el paro nos obligará a salir de un discurso estereotipado, hecho de frases convenidas, y podremos transmitir a nuestros hijos pensamientos personales... ¡Seguro que no perdemos con el cambio! Aunque resulte muy dolorosa, la pérdida de trabajo tiene también otro aspecto positivo: proporciona tiempo libre. Y para nuestros hijos, eso puede traducirse en beneficios reales. Cuando vayamos a anunciar la noticia, pensemos también en subrayar lo que tiene de ventajoso para su vida diaria. ¿El trabajo nos obligaba a llegar tarde por la noche? Ahora estaremos disponibles para ir a recoger a los niños al colegio, ayudarlos a hacer sus deberes, acompañarlos en las excursiones escolares... Existen muchas posibilidades de que aprecien este cambio, y esto permitirá que estrechemos nuestra relación con ellos.

Pequeños placeres por compartir

El paro puede convertirse en un paréntesis propicio para los intercambios, incluso para los encuentros en la familia. Para ello ¡no es necesaria una cartera repleta de billetes! En una sociedad en la que el dinero tiene un papel principal, a menudo nos sentimos incapaces de hacer algo interesante cuando los ingresos disminuyen. Y sin embargo, existen un montón de pequeños placeres por compartir, que no cuestan mucho dinero: un picnic en las afueras de la ciudad, una salida en familia a la piscina municipal, una tarde buscando libros en la biblioteca... Y hace ya mucho tiempo que las fotos de la familia esperan a que alguien las clasifique y las ponga en el álbum... ¿Por qué no hacerlo juntos, recordando etapas pasadas junto con los niños? Lo importante, en el fondo, es redescubrirse mutuamente en torno a actividades comunes, después de años de carreras a contrarreloj. Ahora tenemos esa oportunidad y así podremos transmitir nuestra pasión y nuestros conocimientos: recetas de cocina, algunos trucos de bricolaje... Pero también podremos conocer de cerca cuál es su universo, aunque sin forzar las cosas: tampoco se trata de incubar a nuestros cachorros invadiendo su territorio, sino simplemente acompañar a cada uno de ellos en función de sus demandas y necesidades. Observándolos de cerca, es posible que nos lamentemos por no haberles dedicado más tiempo antes.

Lo esencial

Aunque sean muy pequeños, los niños necesitan saber lo que pasa en la familia. Si no, corren el riesgo de imaginar sus catástrofes peores que la realidad. En consecuencia, cuando nos encontremos en el paro, es importante explicárselo.

Eso no significa que tengamos que contárselo todo. Cuando los padres se dejan ir demasiado, no mantienen su papel de adulto. Entonces pueden invertirse los roles, lo que siempre es una fuente de sufrimiento para el niño: lo principal es tranquilizarlo.

La nueva situación tiene también aspectos positivos: lleva a reflexionar más en los valores que se desea transmitir. Además, permite dedicar más tiempo a los niños y a valorar las actividades que realizamos con ellos.

Capítulo 5

¡Mi padre no vale para nada!

Para un adolescente, el paro de sus padres puede representar una experiencia desestabilizadora. En efecto, está en plena construcción de su identidad. ¿Qué podemos hacer para que la situación no provoque en su estela una crisis de autoridad? Simplemente esforzarnos por mantener nuestro papel de adulto.

Un adolescente en casa (o varios) pocas veces significa tranquilidad. Portazos, tortas que se pierden, caras largas o sonrisas de una exasperante ironía, horas de mutismo seguidas de provocaciones y plegarias...

Para subir la moral, podemos recurrir a algo mejor. Sobre todo si el adolescente nos ataca de frente. Es difícil, por ejemplo, cuando tiene un talento innato por sembrar sus cosas por todas partes, oírlo decir:

«De todos modos, es tu trabajo y ni siquiera eres capaz de mantenerlo».

Es un golpe bajo. Primero, sin duda, porque nos envía una imagen negativa de nosotros mismos en un momento en que ya nos sentimos muy debilitados. Después, porque la agresión procede del interior: nos sentimos rechazados de la sociedad a través de un miembro de nuestra propia familia. Traicionado por los suyos, solo contra todos... A algunas personas la situación puede parecerles injusta y dolorosa. No obstante, más que sentirnos afectados por esos ataques, es preciso relativizarlo todo con urgencia. Y para ello, debemos aprender a descifrar el mensaje que nos envían. Un adolescente no es un adulto, pero empieza a parecerse vagamente a este. El rapero nervioso o la viuda gótica que viven bajo nuestro mismo techo atraviesan una etapa de metamorfosis casi siempre muy movida, que los hace vulnerables. Y por lo tanto, agresivos.

Para el adolescente, todo es blanco o negro

Es preciso recordar que la familia todavía sigue siendo para el adolescente su primer lugar de socialización.

Tiene tendencia a dirigir su agresividad primero hacia los padres, aunque a veces no es exactamente a ellos a los que busca. La sublevación o el desprecio que estos encajan de lleno pueden destinarse primero al exterior, a la sociedad, a los acontecimientos del momento... Es injusto, por supuesto, pero más fácil de aceptar que una hostilidad personal. Dicho esto, el adolescente está en una etapa de su vida en la que necesita que sus padres bajen de su pedestal. Cuando era pequeño sólo actuaba para nosotros. Ahora, para afirmar su autonomía, por principio hace decididamente siempre lo contrario de todo lo que hacemos y lo que representamos. Si no estuviéramos en el paro, sin duda encontraría otras cosas que reprocharnos... Y su mirada es siempre tan despiadada... Tiene una tendencia natural a juzgar las cosas de forma tajante, aún no utiliza matices. Para él, una persona o una cosa debe ser necesariamente buena o mala. Pensar así lo reconforta, porque este razonamiento simplista lo pone al abrigo de su propia ambivalencia. Le resulta insoportable la idea de que pueda ser al mismo tiempo bueno y malo en un momento de su vida en la que está en plena construcción de su identidad. Sus juicios francos representan una reacción de defensa contra sus pequeños o grandes demonios.

No responder en el mismo registro

Tomar conciencia de todo eso puede ayudarnos a no sentirnos demasiado heridos por las palabras, a veces despiadadas, que nos lanza a la cara. Y a mantener ante él una posición firme, sin responder en el mismo registro. Porque eso es lo que necesita. Sus ataques deben entenderse como pruebas: no busca tanto herirnos como comprobar que no reaccionamos demasiado mal. Por lo tanto, es mejor intentar no responder a sus provocaciones de forma agresiva o desde su orgullo ultrajado. Sin duda, cuando no estamos muy en forma, tenemos tendencia a reaccionar de forma impulsiva: ¿cómo se atreve este pretencioso, que no sabe nada de la vida, hablar con ese aire de superioridad? Pero debemos evitar, tanto como podamos, las frases lapidarias y las palabras hirientes. Sin duda, no es fácil mantener el buen humor cuando somos presa de negras preocupaciones. Pero no hay nada imposible. Levantar los hombros puede demostrarle en ese momento que no se siente demasiado afectado por sus pérfidos dardos. Así marcará con hechos la indispensable asimetría que debe existir en las relaciones entre un adolescente y sus padres. No somos su semejante, sino su padre o su madre, y necesita comprobar que existe una diferencia entre nosotros y él. Una distancia con el acontecimiento que le resulte confortante. Porque aunque no lo demuestre, en realidad no se siente indiferente ante la situación.

La inseguridad a la vez interior y exterior

En efecto, la pérdida de trabajo puede ser una amenaza para nuestro equilibrio. Primero porque afecta indirectamente nuestra propia imagen ante los demás. El estatus social de los padres tiene su importancia en la forma en la que los adolescentes se posicionan. Sin duda, a menudo quieren ser inconformistas, pero a pesar de todo están muy preocupados por no desmarcarse del grupo social y la norma. Un padre o una madre en el paro no es precisamente lo más valorado... Y ese sentimiento de inferioridad surge ahora con más fuerza, ya que la apariencia y los códigos de la ropa han tomado mucha importancia para ellos. Tanto en el sentido estricto como figurado, llevan el estatus social consigo. Si, por distintas razones, no pueden enarbolar los signos de esta pertenencia, su ideal familiar se hace trizas y, con este, el marco que lo contiene. Pero el paro debilita también al adolescente porque la situación refleja sus propios movimientos interiores. En efecto, ve cómo se perfila cierta inseguridad material en el momento en que él mismo se siente desbordado por cambios que lo desestabilizan. Busca su identidad, despierta su sexualidad, el complejo de Edipo vuelve a la superficie después de algunos años de latencia. Y, ahora, al mismo tiempo, su padre o madre está privado de una parte de su poder simbólico, ya que no tiene trabajo ni posición social. En el caso de un padre y un hijo en particular, esta situación puede generar un desequilibrio.

Límites a su poder total

El esquema clásico se encuentra de repente un poco trastocado: según el psicoanálisis, el hijo tiene que intentar igualar, incluso superar, a su padre. Con un objetivo: acceder a lo que posee (o a la madre). En cuanto al padre, es el guardián que recuerda la prohibición del incesto y lleva al niño a desviarse de sus deseos hacia otras cosas. Aquí el estatus del dirigente ha perdido una parte de sus poderes... La tentación de que el niño que se convierte en hombre afirme su poder total frente a ese padre disminuido es grande. Es preciso que encuentre límites, si no, corre el riesgo de sentirse totalmente carente de seguridad, porque el poder total es angustiante por naturaleza. Nuestro adolescente espera que ocupemos nuestra posición de adulto. Frente a este, ¡hay que resistir! A partir del momento en que choca con una prohibición o una voluntad contraria, siente menor dificultad para renunciar a su poder. Si no encuentra la ayuda de sus padres frente a él, se siente obligado a recorrer el camino solo. Y eso es mucho más complicado. Por consiguiente, es mejor que intentemos enviarle una imagen bastante sólida en la que pueda golpearse. Aunque nos encontremos en una posición de debilidad, no tenemos que abdicar de toda autoridad, al contrario. Y tenemos toda la legitimidad para afirmar firmemente: «Es cierto, estoy en el paro, pero eso no impide que siga siendo tu padre (o madre) y no dejaré que marques tú las reglas».

Las virtudes de las discusiones

Para ello, es necesario que no temamos demasiado el conflicto. Sin duda, en un mundo ideal de gente civilizada, deberíamos ser capaces de expresar opiniones divergentes sin vociferar. Pero nadie es perfecto y una disputa puede estallar sin que eso represente un drama. Es más bien un signo de buena salud en una familia (con la condición de que no se convierta en una forma de relación sistemática). Porque evitar el conflicto es como negar la diferencia que existe entre uno mismo y el otro. Con todo, como se ha dicho, el adolescente necesita separarse de sus padres para afirmar sus propios gustos, sus propias opciones, su propia visión de las cosas. La discusión permite este distanciamiento. Rompe con el fantasma de una familia cuyos miembros forman un todo indisoluble, un mundo cerrado en el que no hay que hablar para entenderse. Por el contrario, permite jugar «falsamente» la indispensable separación que tendrá lugar tarde o temprano, poniéndola en escena. Además, es probable que evite rupturas mucho más despiadadas en la edad adulta: si nunca ha levantado la voz para expresar su diferencia, la tendencia a huir un día al otro extremo del mundo es mayor... Por tanto, no debemos tener un exceso de culpabilidad si las subidas de tono rompen en ese momento la armonía familiar: es mejor un padre un poco nervioso que un padre inexistente que no utiliza su derecho a oponerse.

No debe convertirse en el hombre de la casa

Si el padre adopta más bien el papel de víctima, existen riesgos de que eso desorganice la relación jerárquica necesaria que une a los niños. Los papeles se invierten y el funcionamiento familiar queda necesariamente afectado por ello. Entonces, el adolescente puede marcar las reglas en casa, ya que no tiene dónde apoyarse, puesto que no encuentra ninguna fuerza a la que oponerse. Coge las riendas de la casa y domina a sus padres. O bien adopta una estrategia de huida: los paraísos artificiales de la droga o el alcohol, las huidas, incluso pequeños actos delictivos, son comportamientos relacionados a menudo con un sentimiento de inseguridad que no puede traducirse en palabras. O bien adopta el rol de protector en el que todo el mundo puede apoyarse. Para aliviar a los suyos, siente el deber de encargarse de todo. Esta actitud se encuentra especialmente en algunos niños que viven en una familia monoparental. A veces le dicen a su madre: «No te preocupes, dejaré el colegio y buscaré trabajo. Todo se arreglará». En una situación así, es esencial no dejar que la ambigüedad se establezca. Aunque nos sintamos frágiles, el adolescente no tiene que encontrarse en la posición de la persona a la que consola y asumirlo todo. No, no es el hombre de la casa ni tampoco tiene que serlo. Si ocupa el lugar del padre ausente, corre el riesgo de tener dificultades en construir un día su propia vida. Por lo tanto, debemos intentar mantener respecto a este una actitud firme: tiene problemas, es cierto, pero no es él quien debe resolverlos.

Solidaridad entre generaciones

Dicho esto, sería totalmente falso pensar que la pérdida de empleo de uno de los padres conduce al adolescente a la deriva. Representa sólo una dificultad más, a la que todo el mundo se adapta como puede, con su temperamento y su historia personal. En esa etapa de la vida en la que el cuerpo y la psique conocen múltiples metamorfosis, la irrupción del paro en la familia constituye sólo a veces un avatar entre muchos otros. Para algunos, la situación resulta incluso un factor positivo que les permite madurar. Una nueva forma de solidaridad puede instaurarse entre las dos generaciones: uno se sentirá mayor y más fuerte al apoyar la moral de la tropa, mientras que el otro invertirá más tiempo que nunca en los estudios para así poder un día «hacer justicia» con su padre, despedido injustamente... ¡menos mal que no hay nada escrito!

Una cosa es segura: sea como sea el padre, sea como sea el adolescente, tienen que aprender en cualquier caso a vivir juntos más tiempo. Lógicamente, la persona en el paro está mucho más en casa. Aunque se esfuerce por multiplicar las citas y las gestiones fuera de casa, no pasa tanto tiempo fuera como cuando tenía trabajo. Y el nido familiar es también el lugar donde le gusta estar al adolescente... ¡pero si es posible lejos de la mirada de sus padres! Porque cuando no está con sus amigos, busca ardientemente sus momentos de soledad.

Lograr la convivencia

De repente, uno y otro pueden tener la desagradable impresión de tener a alguien «encima» todo el día. Al adolescente le gustaría estar pegado a su videoconsola, con la boca llena de palomitas, sin oír reproches por sus tristes resultados escolares. El padre soporta mal tener todo el día ante sus ojos a un testigo de su inactividad.

La casa puede convertirse entonces en el escenario de pequeños conflictos menores, pero que desgastan mucho: el teléfono está siempre ocupado, uno quiere escribir su currículum en el ordenador cuando el otro navega por internet, la elección de los programas de la tele desencadena polémicas sin fin… A menudo esas pequeñas cosas del día a día son las que envenenan el ambiente familiar…

Para evitar que la situación haga saltar demasiadas chispas, no existe ninguna receta milagrosa, por supuesto. Pero puede resultar útil no esperar a exasperarse mutuamente y especificar previamente las reglas del juego. Cada familia tiene que encontrar su propia organización, que delimite territorios y horarios para cada uno, que precise lo que sería un código de buena conducta, que haga la vida común aceptable para todos… ¡En resumen, un sano ejercicio de democracia!

Lo esencial

La agresividad del adolescente hacia sus padres no debe tomarse forzosamente al pie de la letra: este necesita que sus padres bajen del pedestal para que él pueda afirmarse mejor. También comprueba así su capacidad de reacción, no demasiado mala, ante las pruebas.

La llegada del paro a la familia puede debilitarla, particularmente si afecta al padre. En efecto, hace más problemática la construcción de su identidad en un momento en que siente la necesidad de encontrar límites a su poder ilimitado.

Por consiguiente, es muy importante mantener frente a este una posición firme de adulto, si es necesario pasando por el conflicto. La discusión permite especialmente al adolescente separarse simbólicamente de sus padres para acceder a su autonomía.

La situación no tiene por qué tener sólo efectos negativos en los adolescentes. También puede suceder que eso los ayude a madurar y a establecer lazos de solidaridad entre generaciones.

Capítulo 6

A tu edad
¡yo ya trabajaba!

Cuando un joven no logra entrar en la vida activa, la situación es a menudo muy dolorosa para él, pero también para la familia. En efecto, representa un fracaso para todos. ¿Cómo lograr superar la prueba? Ofreciéndoles un apoyo que no sea infantilizante.

Cuando era pequeño, nuestro hijo era más bien buen alumno. Después, sus notas se fueron acercando más a la media que a los lugares destacados. Pero nunca habríamos pensado que, con más de veinticinco años, estaría sin trabajo. Se ha convertido en un adulto, pero sigue consignado en casa de papá y mamá esperando siempre encontrar algo más que trabajos temporales y mal pagados. Da la impresión de que, vencido por el desánimo, se arrastra todo el día por casa sin buscar la forma de salir de la situación. Según el día, pasa de las ganas de ayudarnos a la exasperación. Y el ambiente familiar empieza a resentirse seriamente por ello...

El paro aparece siempre como una injusticia que no debería existir. Pero es todavía más cierto cuando afecta a una persona joven. A la edad en la que la auténtica vida tiene que empezar, cuando nos sentimos enardecidos al ingresar los primeros salarios, cuando soñamos con emprender el vuelo, resulta que tenemos las alas cortadas y no disponemos de medios para cumplir nuestras ambiciones. La construcción de la identidad relacionada con el trabajo se hunde incluso antes de haber podido empezar. Cuando una persona está en el paro después de ocupar un trabajo, se siente amputada de una parte de su ser, pero al menos, en algún momento de su existencia, ha ocupado una posición reconocida en la sociedad que le ha proporcionado una imagen de sí mismo y sus apoyos para estructurarse. En cambio, el joven no tiene trabajo aquí y ahora, ni siquiera existe: no puede pedir el subsidio del paro, ni siquiera otro tipo de ayuda. En resumen es un «cero social».

Una energía en barbecho

Esta falta de reconocimiento puede vivirse de forma muy dolorosa a esa edad, que está al máximo de su potencial. Al salir de la adolescencia, atraviesa una energía vital que sólo pide expresarse de forma positiva.

La dedicación al trabajo deriva, en efecto, de un proceso inconsciente que el psicoanálisis describe como la «sublimación de los impulsos sexuales». Se establece desde la más tierna edad: cuando el niño no obtiene satisfacción porque encuentra prohibiciones en su camino, se ve obligado a desplazar su deseo hacia otra cosa y va a buscar el placer en la curiosidad intelectual, el trabajo o la creación. Desviado de su primer objetivo, la energía sexual se pone al servicio de un ideal.

En caso de que esta capacidad de sublimación esté averiada, la persona se encuentra con una energía inútil en sus manos. Esta observación se mantiene a lo largo de toda la vida. La única cosa que cambia es la intensidad de los impulsos originales. Cuando se es joven, son evidentemente mucho más fuertes y exigentes que más adelante. El desequilibrio entre la tensión interior y las posibilidades de descargarla puede ser entonces particularmente pesada de llevar. Algunos jóvenes reaccionan asumiendo riesgos no considerados: se lanzan a tumba abierta a hacer deportes de riesgo, juegan con la velocidad o se entregan a experiencias más allá de sus límites. Se trata de un intento ilusorio de dominar el mundo exterior para compensar la impotencia a la que se ven reducidos.

Malo malo

De esta situación sin trabajo, el joven adulto obtiene a menudo un agudo sentimiento de culpabilidad. Se siente resentido por no lograr ganarse la independencia, y también le duele no enviar a sus padres la imagen que esperan de él. Esta espera puede ser a menudo muy fuerte. Entre padres e hijos se establece el mismo contrato de valoración mutua ya evocado sobre la pareja. Hoy en día, el niño es muy deseado y escogido. Los padres están atentos a su bienestar y al desarrollo de su personalidad. Pero se espera inconscientemente que, a cambio, este apoye nuestro propio narcisismo. Si no cumple nuestras expectativas, el contrato parece romperse. Así, a veces está sin trabajo y en el seno de su familia ocupa el lugar del «malo», el que concentra la atención, incluso la agresividad de los suyos. Antes la familia pensaba que encarnaba el éxito, a veces incluso arrastrando a su familia detrás y haciendo que escale en el ascensor social, y resulta que lleva con él la vergüenza del paro. De repente todas las angustias familiares se centran en él, incluso aquellas de las que no es responsable en absoluto. En cierto modo, se convierte en la cabeza de turco. Cuando algo no funciona en la familia, se le considera de entrada como el responsable. En ese caso, a menudo se siente tentado de ponerse el hábito que le tienden y confirma esta mala imagen adoptando comportamientos reprehensibles. Se siente señalado como el malo, y él mismo se margina deliberadamente...

¿En qué hemos fallado?

Pero la culpabilidad no es la dote del joven en busca de empleo. A menudo la comparten los padres. Porque su fracaso hace que todos lo vivan como su propia incompetencia. «¿En qué hemos fallado en la educación que le hemos dado, para llegar hasta

aquí? ¿Qué hemos hecho mal para que sea recha-
zado por el exterior, negado por la sociedad?». Estas
preguntas en forma de cuestionario taladran al padre y a la madre sin que, evidentemente, encuen-
tren respuesta satisfactoria. El paro, una vez más,
descubre las carencias. Y trastorna indirectamente
en profundidad el equilibrio familiar.

Una vez más, cuando se es padre, es importante
al menos distanciarse del acontecimiento para no
dejar que la vida en común resulte perjudicada por
ello. Descubrir por qué nos sentimos tan íntimamen-
te afectados por la situación ayuda a menudo a no
reaccionar con agresividad o nerviosismo. Sin duda,
compartir nuestro día a día con un joven totalmente
desmotivado puede ser duro. Pero es básico entender que su comportamiento procede más de la falta de confianza en sí mismo que de un temperamento descontrolado. A su edad, sí, es cierto, usted
ya podía pagarse la casa y la comida. Pero no tuvo
que enfrentarse a tantos rechazos antes de encami-
nar su vida laboral. Posiblemente también el contexto económico era más favorable en esa época. La
inactividad de su adolescente lo confronta a una
imagen muy negativa de sí mismo que le impide salir adelante.

Descubrir sus cualidades

La dificultad consiste evidentemente en encontrar la forma de sostenerlo. La peor solución sería acosarle día tras día para saber qué pasos ha dado: sólo conseguirá confrontarlo a sus propias carencias. Primero es mejor ayudarlo a restaurar una imagen de sí mismo posiblemente afectada. Lo que necesita con urgencia es sentirse valorado. Si empezamos a poner en duda su capacidad, es muy probable que se incline en su dirección y se comporte como el incompetente que todo el mundo ve en él...

El objetivo es hincharle el ego. Para ello, debemos aprender a mirarlo desde una perspectiva distinta. Más que ver el vaso medio vacío, es mejor considerar que está medio lleno. En otras palabras, se trata de coger al toro por los cuernos: ¿no es «capaz» de encontrar trabajo? A lo mejor, pero tiene muchas cualidades y aptitudes que sólo tienen que ser explotadas. En lugar de confortarlo en su desesperación, es más constructivo encontrar los elementos de conexión que le pueden ayudar a hacer cosas, aunque no sea forzosamente en el marco de un trabajo asalariado. ¿Siempre le ha gustado jugar con el ordenador? ¿Por qué no pone por ejemplo este talento al servicio de sus abuelos, a los que les gustaría conectarse a internet? Es el único de la familia que puede hacerlo. La función del entorno consiste precisamente en encontrar sus puntos fuertes y animarlo a que los desarrolle.

Una dependencia mantenida

Pero valorar a un joven adulto consiste también, cuando se es padre, en no caer en la infantilización a ultranza. Es cierto que la situación nos obliga a compartir todavía un tiempo el nido familiar. ¡Pero no implica en absoluto que nos encarguemos totalmente de su hijo! Sin embargo, dicha situación puede arrastrar a una dependencia mantenida por la propia familia. Sin duda, a veces cuesta posicionarse cuando este sigue viviendo en su habitación de toda la vida. Pero ya no debemos reaccionar de la misma forma que cuando era niño... ¿Cómo puede sentirse adulto y responsable cuando, con veinte años cumplidos, encuentra en sus cajones bien dispuesta su ropa que aparece lavada y planchada por arte de magia, sin haber levantado un dedo? ¿O cuando los padres son los que se ocupan de pedir cita por él, sistemáticamente, tanto para el médico como para el consejo de orientación o para un posible empleo? ¡Sin duda, no le hacemos ningún favor cuando hacemos las cosas en su lugar o queremos arreglar cualquier situación!

Esta posible deriva procede de la ambivalencia por la que pasamos los padres. Por supuesto, todos deseamos ver un día a nuestros hijos volar con sus propias alas y separarse de nosotros, esperamos que vuelen del nido familiar. Está claro que la vida en común con ellos se vuelve muy pesada cuando han superado una determinada edad. Pero la separación representa siempre una prueba, que a veces intentamos posponer de manera inconsciente. Por una parte, los empujamos a la salida; por otra, los mantenemos, como quien no quiere la cosa, en una dependencia infantil.

Responsabilizar al joven adulto

Llegado el caso, es necesario tomar conciencia de este exceso para defenderse mejor. Sí, seguiremos siendo padres toda la vida, pero si no queremos obstaculizar el desarrollo de nuestro hijo, es conveniente responsabilizarlo cuando llega a la edad adulta. ¿No tiene ningún ingreso en ese momento? A pesar de todo, puede contribuir a la vida familiar de otra forma.

Primero tiene que asumirlo él mismo, ocupándose de sus propios asuntos y del mantenimiento mínimo de su habitación. Eso también puede significar encargarse de una parte de las tareas relacionadas con la vida en común. Todo el mundo saldrá ganando: los padres vivirán menos su presencia como una carga y él tendrá mayor autoestima. Cada familia tiene que negociar los derechos y deberes de cada uno. Se trata de asignar un rol que no sea el de asistente permanente.

Por último, aunque nosotros también estemos un poco preocupados, es mejor no mostrarle una visión del futuro demasiado oscura. La situación desestabiliza, pero forzosamente tiene que ser provisional.

Por consiguiente, no sirve de nada dramatizarlo todo. Más que dejarse contaminar por su angustia, lo que ha de hacer es transmitirle esperanza. Más que nunca, necesita esa mirada de apoyo de su familia… mientras espera que la sociedad le sirva de espejo donde reflejarse.

Lo esencial

La falta de trabajo representa una carencia particularmente difícil para un joven: ¡no dispone del apoyo esencial para construir su identidad todavía vacilante! Además tiene mucha energía y no consigue consumirla.

De ahí nace en él un fuerte sentimiento de culpabilidad, reforzado a veces por las reacciones de la familia, que implícitamente le reprocha que refleje una imagen negativa.

Para ayudarlo, es prioritario que recupere la confianza en sí mismo, subrayando sus cualidades e incitándolo a explotarlas. En efecto, tiene una gran necesidad de apoyo. Pero no se trata en absoluto de tratarlo como a un niño, ya que se corre el riesgo de que alimente una gran dependencia.

Capítulo 7

¡Desde que estás en el paro ya no vemos a nadie!

La pérdida del trabajo provoca a menudo un encierro en nosotros mismos y en el círculo familiar. Este aislamiento puede esconder una depresión más o menos profunda, relacionada con la actividad y la pérdida de autoestima. Para salir de esta situación es preciso conseguir pasar un periodo de luto por la pérdida e intentar ocupar de otra forma el vacío que ha dejado el trabajo.

Solos: así es como al fin y al cabo nos sentimos menos mal. Desde que estamos en el paro, la mirada de los demás nos resulta muy difícil de soportar. Una velada en el restaurante nos puede servir como prueba: tenemos la sensación de llevar la etiqueta de «parado» colgada en la frente y es difícil dejar de pensar que todos los ojos están clavados en nosotros. Al salir de casa por la mañana, tememos encontrarnos con la portera del edificio y sus preguntas inquisidoras. O a algunos conocidos del barrio que podrían extrañarse de vernos a esas horas por la calle, cuando deberíamos estar en el trabajo. Incluso con los amigos, las relaciones se han vuelto un poco complicadas. Algunos de ellos se han distanciado un poco. Muy decepcionante, pero también humano: ¡la angustia es un mal contagioso! Sin duda, perciben en el parado la viva imagen de lo que les podría pasar y prefieren protegerse de ella. Sin duda, siempre quedan los incondicionales, los amigos de verdad, siempre dispuestos a subirnos la moral. Pero tememos sus solícitas preguntas que no dejan de salpicar los encuentros: «¿En qué estás? ¿Ya has encontrado algo?». Cuando la situación se alarga, resulta agotador tener que repetir las mismas frases. Y la diferencia que nos separa de ellos siempre deja un sabor amargo: ellos tienen la suerte de pertenecer todavía a la comunidad de los que trabajan, mientras que el desempleado se siente excluido de esta. Los proyectos en común se vuelven problemáticos. Las prioridades de unos y otros divergen... la confrontación resulta entonces problemática.

La espiral del siempre menos

Al cabo de los días, desanimado, uno siente la tentación de encerrarse en casa, esperando días mejores. Al abrigo de las agresiones externas para lamerse las heridas... Esta retirada de la vida social se explica sin duda por la vergüenza que provoca el paro en el que es víctima de este. Su imagen le resulta tan devaluada a sus propios ojos que no puede soportar exponerla a los demás. Tiene la impresión de que todas esas miradas externas lo persiguen y prefiere preservarse de estas encerrándose en casa. Esta reclusión voluntaria es casi siempre un síntoma de un malestar más general, que se suele denominar «depresión». Una especie de espiral que arrastra a una lógica del siempre menos: siempre menos deseos, proyectos, ganas, siempre menos fuerza y energía. El proceso está relacionado con la fuerza del trauma. Cuando no puede elaborarse y traducirse en palabras, la violencia del choque se vuelve hacia el que la sufre: a falta de poder expresarla fuera de él, se hace daño a sí mismo. Para la persona que se encuentra en tal estado, el sufrimiento es extremadamente vivo. Pero su entorno también ha sido sometido a una dura prueba. Es difícil entender por qué el otro parece abandonarse de ese modo y complacerse en la apatía. Le propongan lo que le propongan, en general, la única respuesta es una mirada abatida, totalmente apagada. Al cabo de los días, la pregunta se vuelve obsesiva: ¿cómo lograr extirpar de él esa profunda melancolía en la que se ha hundido?

La imposibilidad de actuar

La situación todavía resulta más difícil para la familia, porque además sufre el aislamiento en el que se encierra la persona sin trabajo. Se acabaron las veladas con los amigos, las invitaciones a casa, incluso los niños pueden sufrir esta autoexclusión. El hogar, como refugio, se convierte en un búnker en el que acaba faltando el aire. Sin ayuda del exterior, las relaciones familiares se van volviendo estériles. Para el que conserva el trabajo, sucede a veces que la compasión deja paso a la exasperación. Cuando uno se desvive por mantener a la familia, es difícil ver al cónyuge hundido en un sillón desde la mañana hasta la noche, sin ni siquiera ánimos para vestirse. Si al terminar su jornada de trabajo y llegar a casa, todavía tiene que retirar la mesa del desayuno o ir a recoger a los niños a la escuela, al final el resentimiento acaba ganando la partida sobre todo lo restante. Y aumenta la tentación de decirle al otro: «¡Muévete un poco!». Sí, claro, sería mejor que se quitara su bata vieja y que empezara a ser útil intentando buscar trabajo. El problema es que se le persigue para que haga precisamente lo que no es capaz de hacer. Para moverse, es preciso que empiece a reunir esa energía que parece haberse evaporado. Pero la depresión se expresa justamente por esa imposibilidad. Más que entregarse a esas órdenes tan ambiguas como inoperantes, es mejor reflexionar y buscar propuestas adaptadas. Y para ello, debemos empezar por entender lo que ha quedado tan profundamente afectado en el otro.

Cuando el tiempo se detiene

Sin duda, las causas de una depresión son siempre individuales y sólo se pueden aclarar a la luz de la historia personal de cada uno. Pero existen también razones relacionadas con la propia naturaleza del paro. Cuando tenemos un trabajo, este nos proporciona un marco en el que podemos apoyarnos. A veces el control ejercido por nuestros directivos puede resultar asfixiante, pero al menos tiene el mérito de imponer reglas desde fuera. Cuando nos quedamos sin trabajo, tenemos que regularnos solos. Nadie nos llama al orden. También se acaban las tareas precisas que debíamos cumplir y que daban ritmo al día, a la semana, al año. Se acabaron también los proyectos, los plazos, los horarios que respetar, se acabaron todas esas obligaciones que representaban los hitos que nos ayudaban a no perdernos en la inmensidad del tiempo. De repente, desaparecen las referencias y el tiempo parece detenerse, ya que no está marcado por una sucesión de actividades y descansos. Esta situación puede llegar a ser muy destructora. Porque, incluso en la edad adulta, cada persona sigue construyéndose en función del tiempo que pasa. Todo ser humano necesita inscribirse en un desarrollo cronológico, con un pasado, un presente y un futuro. Por supuesto, a veces desearíamos detener el tiempo para disfrutar del momento. Pero no podemos vivir sólo en el presente. Si el tiempo se inmoviliza demasiado, algo muere en nosotros... En ese momento, corremos el riesgo de perder la propia capacidad para llevar a cabo proyectos, incluso simplemente soñar con el futuro.

Llenar una parte del vacío

Para evitar perdernos en esta deriva sin límites es fundamental que confeccionemos un horario para nosotros mismos, en el sentido literal del término. Levantarnos por la mañana, imponernos gestiones, aunque a primera vista parezcan inútiles, fijar objetivos para el día, todo eso nos ayudará a llenar una parte de la vida abandonada por el trabajo. El propio hecho de empezar algo da la sensación de una determinada dinámica. Si no, nos limitaremos a «matar el tiempo». A veces esta necesaria disciplina personal no basta para borrar la sensación de inutilidad que podemos sentir cuando estamos sin trabajo. Pero puede evitar que nos hundamos más en la espiral de la depresión. Además de la noción de tiempo, el paro provoca otra pérdida: la de la vivencia corporal. Porque el trabajo siempre obliga a poner en movimiento el cuerpo, y no sólo cuando se ejerce un oficio manual. En cierto modo, pensamos también con el cuerpo: es un lugar de mediación entre uno mismo y el exterior. Sea cual sea la profesión que hayamos escogido, necesitamos todos los sentidos: el oído, la vista, el olfato, el tacto… los utilizamos casi sin darnos cuenta. El cuerpo es también la herramienta que nos permite elaborar, construir, transformar, en definitiva, tener un contacto con el mundo. En un primer momento exige un esfuerzo y, por lo tanto, también sufrimiento. Pero la finalidad del trabajo consiste precisamente en superarlo para sentir el placer de haberlo cumplido.

Volver a poner el cuerpo en movimiento

Con la pérdida del trabajo este placer también desaparece. El cuerpo se encuentra huérfano. Una de las vías para superar un estado depresivo y restaurar una parte de lo que ha sido destruido puede ser precisamente volver a poner el cuerpo en movimiento, de otra forma. Sin duda, no es fácil cuando nos sentimos paralizados, debilitados, sin energía… Y, sin embargo, la experiencia demuestra que, caminando a pequeños pasos, es posible reapropiarse de algo de sí mismo. Andar por la naturaleza, correr un poco todos los días… Todo es muy asequible. Pero estos simples gestos obligan a poner en marcha la máquina. Vuelven las sensaciones. Despiertan los músculos entumecidos que se relajan al cabo de pocos días. Aparece de nuevo la comunión con los elementos exteriores: la naturaleza, el viento, el sol… Como si fuera una forma primaria de sentir que se existe. Poco a poco la persona deprimida se ve de nuevo capaz de cubrir distancias cada vez mayores. Se puede reforzar así la autoestima. Y esta pausa ayuda a menudo a dar, si no una especie de sentido a la vida, por lo menos una razón suficiente para engancharse a la vida y mirar de nuevo hacia el futuro. El entorno puede tener un papel incitador nada despreciable entreabriendo la puerta: si proponemos al que no está bien compartir algunos paseos, ir juntos de excusión, si comparte ese tiempo de encuentro con el mundo exterior, resultará de mayor ayuda que exigiéndole que se mueva.

Aprender a pasar el luto

Evidentemente, reapropiarnos de nuestro cuerpo no lo arregla todo. Para poder mirar hacia el futuro, a menudo es necesario efectuar un trabajo más profundo en nosotros mismos. Entre otras cosas, hay que pasar el luto de lo perdido. ¿Qué significa eso? Significa que antes de poder mirar hacia delante, debemos aceptar la idea de dejar algunas cosas atrás: el empleo que se ocupaba, por supuesto, pero también una parte de nosotros mismos, precisamente la que se ponía en marcha cuando ejercíamos ese trabajo. La tarea no es fácil y exige a menudo un cierto tiempo. Cuando nos sentimos obligados a separanos de alguien o de algo, tendemos en un primer momento a idealizarlo, incluso a ver sólo sus aspectos positivos borrando el resto. Pensamos que nuestro antiguo trabajo tenía todas las virtudes. Sin embargo, ¡seguro que no era perfecto! Más que vivir en una eterna nostalgia de lo que hemos perdido, merece la pena reflexionar sobre la realidad de las cosas para reintroducir una pizca de ambivalencia en nuestra mirada: sí, nuestro antiguo trabajo nos aportaba mucho, pero también nos sumergía en un estrés bastante duro, los compañeros no se comportaban de forma muy correcta, las condiciones de trabajo dejaban mucho que desear... Permitirnos algunas críticas es abrir la puerta al futuro. Quizá se renuncie más fácilmente a algo imperfecto para volver a empezar de otro modo... Eso dejará lugar a nuevos deseos.

Sufrimiento y placer mezclados

A menudo no es muy cómodo exponerse a lo desconocido. Somos muchos los que presentamos una auténtica resistencia al cambio. Entonces, para no tener que correr riesgos, a veces preferimos instalarnos en el estatus de víctima y lamentarnos por una edad de oro imaginaria. Otro caso de manual: nos hacemos la ilusión de que dominamos las cosas recurriendo a sustitutos varios. Así, por ejemplo, algunas personas en el paro se pasan el día entregadas al juego, como si fuera una droga: juegos de azar, de vídeo... Intentan imaginar una venganza sobre el destino: presionando un poco con los dedos nos convertimos, con un poco de práctica, en dueños del universo..., aunque esta revancha esté totalmente desconectada de la realidad. Pero aunque nos refugiemos en el pasado o en lo imaginario, el problema sigue siendo el mismo: no se puede ni quiere salirse de este. Toda la dificultad radica en que en este estado entran tanto el sufrimiento como el placer. Esto también es cierto para la soledad en la que nos encerramos. Esta ruptura con toda vida social puede vivirse con dolor, pero el encierro consigo mismo aporta también una determinada forma de placer. En cierto modo, volvemos al estadio de niño pequeño que todavía no ha conocido la socialización y vive una historia de fusión con su madre... Sin duda, a diferencia de este, se sabe bien que el mundo exterior existe fuera de nosotros. Pero preferimos el capullo que conforte nuestra propia interioridad.

Escuchar sus deseos

Para salir de un estado depresivo es preciso que sepamos renunciar al mismo tiempo a lo que hemos perdido y a la parte de placer que obtenemos de la situación actual. Si es así, será posible hacer sitio a otras cosas y llenar los días de forma distinta. Porque la última etapa consiste idealmente en dar sentido a este tiempo apartado. Aunque no se encuentre trabajo, hay un montón de posibilidades para hacer cosas fuera de casa. Estas «vacaciones» obligadas pueden ser una posibilidad. Se puede mirar así: piense en todo lo que un día soñó suspirando «Si tuviera tiempo...». ¿Por qué no aprovecharlo para hacerlo por fin? El tiempo que nos otorga momentáneamente el desempleo es la oportunidad soñada para escuchar nuestros propios deseos, satisfacer las frustraciones de siempre, tanto si se trata de ir a clases de pintura, iniciarse en aïkido o perfeccionar nuestros conocimientos de informática. Seguro que si nos informamos, a nuestro alrededor podremos encontrar muchos cursos que nos pueden ayudar a enriquecer nuestros conocimientos sin desembolsar un euro. El principio se basa en la reciprocidad: podemos ponernos en contacto con otra persona e intercambiar conocimientos. «Enséñame inglés y te enseñaré a cocinar…». Dedicarse al exterior puede consistir también en implicarse en asociaciones: participar en el funcionamiento de un club deportivo, ser representante de padres de alumnos o hacerse voluntario… Muchas actividades que ayudan a recobrar la autoestima, porque ayudan a que cada uno recupere un camino a seguir. ¡Volvemos a ser útiles!

Cuando el paro se convierte en palanca

Esto sucede especialmente en el sector de asistencia a las personas con dificultades. La sociedad tiene necesidades que el mundo del trabajo no siempre consigue colmar. Sin duda, ahora estamos mejor situados que otras personas para responder a eso.

Superar el desempleo en familia

Nuestra experiencia personal nos ha vuelto más frágiles, pero también más capaces de entender lo que viven las personas confrontadas a la precariedad.

Para ello, evidentemente, es necesario que hayamos logrado distanciarnos un poco del acontecimiento. No podremos ayudar a los demás si nosotros tampoco estamos muy bien. Ayudar a los demás a salir a flote constituye a veces una excelente terapia para acabar de superar nuestros problemas, ya que al aliviar a los demás, nos aliviamos un poco a nosotros mismos... El paro puede tener, por lo tanto, paradójicamente, efectos positivos cuando conduce a la creación de nuevas solidaridades. Más que un peso, se convierte entonces en una palanca.

En el fondo, poco importa el camino que tome cada uno, lo esencial es no sentirse un objeto que sufre el curso de los acontecimientos, sino una persona que intenta actuar, en la medida de sus posibilidades, en lo que le pasa. Este encaminamiento se efectúa raramente en un día: pasar el luto de lo que se ha perdido exige un mínimo de tiempo, variable según la persona. Y nunca termina completamente: aunque se piense que se ha zanjado el pasado, no estamos protegidos de sus aires nostálgicos. Pero aunque todo camino es tortuoso, se mueve: nunca se sale de una prueba sin descubrirse un poco distinto. Podría ser que el paro nos sorprendiera a nosotros mismos.

Lo esencial

Cuando estamos en el paro, no es extraño caer en un estado de depresión. Esta se expresa por la falta de energía y de deseos, pero también por un comportamiento de recogimiento, un aislamiento voluntario: la mirada de los demás se vuelve difícil de soportar, lo que nos lleva a replegarnos en la familia nuclear.

Ese estado depresivo encuentra sus raíces en la historia personal de cada uno, pero también en la propia naturaleza del paro: al borrar todas las referencias de tiempo, se destruye uno de los apoyos que nos ayudan a construirnos. También desarregla nuestro cuerpo privándolo del deseo de elaborar algo.

Para el entorno, puede ser tentador exhortar a la persona deprimida para que despierte. Pero por definición, no debemos hacerlo. Es mejor intentar hacerle propuestas a las que pueda apuntarse, especialmente intentando reapropiarse de forma distinta del uso de su cuerpo.

Salir de la depresión significa también superar el luto de lo que se ha perdido y, para ello, no idealizar el antiguo trabajo: es más fácil renunciar a algo imperfecto. Además, nos ofrece la posibilidad de dejar sitio a nuevos proyectos.

Capítulo 8

No soy tu enfermera

Cuando el cónyuge atraviesa una etapa difícil, no siempre es fácil encontrar el tono justo para hablar con él. Una cosa es segura: que cuidemos de los que queremos no significa que podamos curarlos. Es mejor que reservemos esta tarea a otra persona.

Cuando vemos a nuestro cónyuge vagar con la mirada perdida, sentimos el corazón en un puño. Pero una voz molesta nos dice también en el fondo de nosotros que tampoco necesitamos eso. Sin duda, sentimos compasión por ese hombre o mujer que comparte nuestra vida y lucha contra la adversidad. Pero de ahí a jugar a médicos y enfermeras es un paso que no queremos dar. Tampoco somos ni su papá ni su mamá. Y también tenemos nuestros problemas…

Es preciso reconocer que apoyar a la pareja que no está bien no es nada fácil. Todos los días, es necesario aprender a vigilar las palabras para no herir una susceptibilidad a menudo a flor de piel. La pregunta más banal puede transformarse en un dedo en la herida abierta. Cuando preguntamos sin pensarlo: «¿Qué has hecho hoy?», al volver del trabajo, le recordamos su infortunio, ya que ha visto desgranarse las horas con una lentitud insoportable. Por el contrario, cuando se envuelve todo en algodoncitos sistemáticamente se puede cortar cualquier espontaneidad en la relación de pareja. Cuando nos dirigimos al hombre o a la mujer de nuestra vida con la mirada que se reserva a un enfermo en fase terminal, cuando evitamos cuidadosamente cualquier mención a los temas difíciles, las relaciones se vuelven artificiales. Respecto a la actitud que consiste en compadecerlo, tampoco es mucho más deseable. Es mejor deshacerse de la piedad, que hunde más que apoya, puesto que hace que el otro se encierre a cal y canto en su estatus de víctima.

Relativizar los ataques

Es difícil encontrar la distancia justa que permita apoyar sin más a nuestro cónyuge sin convertirlo en un mártir. Además, muchas veces tenemos que soportar una importante dosis de su agresividad. Como se ha visto, la rivalidad que existe en muchas parejas provoca a menudo un cierto resentimiento en el que se encuentra en el paro. Pero a veces la agresividad que expresa tiene poco que ver con la persona que la sufre. Es sólo la consecuencia del malestar interior provocado por la pérdida de trabajo. En efecto, el trauma puede converger en dos movimientos contrarios. La víctima puede volver hacia sí misma la violencia que ha padecido al interiorizarla: es la depresión. O bien la víctima puede proyectar hacia el exterior agrediendo a los desafortunados que tiene a su alrededor. Es una forma de descargar toda la tensión nacida de su sentimiento de impotencia frente a la realidad. Cuando no podemos obtener lo que queremos, a menudo nos sentimos vencidos por una especie de rabia que es preciso expulsar de una manera u otra. Consiste en extirpar la crisis de nuestro interior para que no se quede dentro. Evidentemente, para el que está delante, mantener una actitud serena es casi una proeza: ¡no somos de piedra! Pero si logramos entender que no desea herirnos a nosotros directamente, el dardo no hace tanto daño. Seguramente algunas palabras le parecerán injustas. Pero tiene que aprender a relativizarlo todo, recordando que la violencia cortocircuita toda reflexión. Su pareja no piensa lo que dice. Lo que surge de ella es sobre todo un brutal sufrimiento que no ha podido digerir todavía.

¿Por qué yo?

Dicho esto, aquí no se cuestiona sólo la agresividad y la susceptibilidad. También entran aquí las propias carencias. Incluso con las personas queridas, nuestra capacidad de empatía puede a veces quedar oscurecida por sentimientos menos gloriosos. Más que pensar en el otro, a veces nos lamentamos de nuestra propia suerte: «Es injusto, ¿por qué todo me pasa a mí? No me casé con él o ella para eso. Me enamoré de una persona dinámica, a toda prueba, con un humor arrebatador, y ante esta prueba de la vida, todo parece ser ya un lejano recuerdo...». Esta impresión de sentirse traicionado se manifiesta con más intensidad cuando el otro ha dejado voluntariamente el trabajo para encontrar uno más satisfactorio. Sin duda, nadie podía imaginar que estaría tanto tiempo en el paro, pero igualmente... Es en parte responsable de lo que le sucede, ¿no? Al menos es de lo que nos lamentamos con amargura.

Nos hemos convertido en una víctima colateral del paro, ¡y eso no estaba previsto!

Detrás de esa amargura se esconde a menudo el miedo a manifestar el fracaso personal: en cierto modo, no estamos a la altura de lo que habíamos soñado. Al cuestionar a la otra persona, también lo hacemos con nosotros mismos: «¿Quién soy yo por haber escogido vivir con alguien que no es capaz de responder a mis expectativas? ¿Cómo pude equivocarme tanto?». Estas preguntas plantean la duda y transmiten una imagen devaluada de nosotros mismos.

¡Stop al contagio!

Por último, para rizar el rizo, aparece también la culpabilidad: en el fondo de uno mismo, sabemos que una pareja, cuando decide vivir junta, lo hace para lo mejor y lo peor. Por eso nos sabe mal dejarnos llevar por el primer golpe duro y no mantener nuestra función de apoyo como quisiéramos.

Esta ambivalencia de los sentimientos se explica por el papel que desarrolla el cónyuge en nuestro equilibrio psíquico: su presencia ayuda a colmar las carencias que todos tenemos y representa una forma de proteger contra el exterior. Cuando deja de efectuar su función, todas las líneas de fractura se abren a la luz. A veces, en lugar de reconocer la debilidad del otro (y de paso, la nuestra), preferimos negarla. Entonces respondemos a su petición de ayuda con los servicios mínimos. De acuerdo, atraviesa una etapa difícil, pero nos negamos a escuchar sus lamentos. ¿Sus migrañas, sus insomnios, sus angustias? Si no se escuchara tanto, seguramente acabarían por desaparecer…

Detrás de ese rechazo a escuchar el sufrimiento del otro, se esconde evidentemente el miedo a que nos engulla. Compadecer significa etimológicamente «compartir la desgracia». Para ello, sin duda es preciso que nos sintamos lo bastante fuerte en nuestro interior. Si tememos el más mínimo riesgo de contagio, multiplicamos las barreras protectoras a nuestro alrededor para que no nos contamine. Y de ese modo corremos el riesgo de mostrarnos muy duros con el que ha contraído la enfermedad…

Cuando la generosidad se vuelve inoportuna

A veces, en cambio, reaccionamos ante la situación con un movimiento exactamente contrario: para

colmar la carencia puesta al descubierto por la vulnerabilidad del cónyuge, decidimos ser útiles: «Como está mal, me necesita; lo ayudaré a salir de esta». La intención es loable, pero tampoco hay que
ser completamente ingenuo.

No debemos dejar de ser generosos con quienes
queremos, por supuesto. Pero también tenemos que
pensar que no es totalmente gratuito. Inconscientemente, esperamos algo a cambio: gratitud, por
ejemplo. No es imposible que un día nos sintamos re-
sentidos con el otro por no haberse mostrado lo bastante agradecido con todo lo que hemos hecho por
él. Al volvernos útiles, buscamos también, y sobre todo, mostrar una imagen valorizada de nosotros mismos. ¡Sentir que lo hemos hecho bien aumenta el
ego! El problema es que para sentirnos generosos a
veces estamos dispuestos a darlo todo, indistinta-
mente, sin tener en cuenta lo que espera la persona
a la que destinamos nuestra prodigalidad. Pero ofre-
cer una ayuda verdadera significa escuchar lo que
pide esa persona para conseguir darle un buen consejo en el momento oportuno. Y no siempre es fácil
descifrar esta petición, por supuesto, porque raramente se formula de forma directa. Como mucho se
puede intentar sentir uno mismo lo que la pareja

siente, preguntándose: «¿Y si fuera yo?». Es lo que precisamente se llama empatía, que ayuda a armonizar las necesidades del otro de la manera más adecuada posible.

La doble infantilización

¡Pero ponerse en su lugar no significa en ningún caso ocupar su sitio! Porque entonces se corre el riesgo de invadirlo. Así, con las mejores intenciones del mundo, lograremos hundir al que pretendemos ayudar a salir del agujero. Con el pretexto de aligerar su carga, de que olvide sus problemas, de hacerle la vida más fácil, nos encargamos absolutamente de todo. ¿La compra? Con la poca energía que tiene, es pedirle mucho. ¿La organización del ocio? ¡El pobre, tiene otras preocupaciones en la cabeza! ¿Los niños? ¡Cansan tanto! Así, la persona parada se ve de repente volviendo a la infancia: al perder su trabajo, tiene una posición de inferioridad y regresión. Y ese desequilibrio se acentúa todavía más por el poder total de la pareja que no le deja ninguna posibilidad de participar en la vida en común. Cómo sacar de ahí una imagen positiva de sí mismo... Antes de lanzarse en una empresa de salvamento programado, es mejor recordar que la relación de pareja no implica una relación de posesión. No otorga ningún derecho sobre la vida psíquica del otro. Esta situación es además muy peligrosa, porque puede volver más tarde como un bumerán. Sin duda, para el que o (más a menudo) la que hace de madre, el sentimiento de su propia utilidad da sentido a su vida. Saber que se es indispensable para alguien desprende un perfume embriagador. «¿Qué sería de él sin mí?», piensa la esposa demasiado devota.

Anticipar la salida del túnel

Pero a veces llega el momento en que la situación cambia: el marido encuentra un empleo, un lugar en el seno de la sociedad... y la mujer se da cuenta con angustia de que ya no sirve para nada. Al salir del paro, la situación familiar puede vacilar de nuevo. El que servía de apoyo se hunde cuando el otro consigue volver a volar: la depresión cambia de campo. Más que instaurar una relación de dependencia, es preferible intentar mantener un determinado equilibrio en la pareja. Sin duda, uno se encuentra temporalmente en una posición de mayor fragilidad. Sin duda, el paro obliga a modificar la organización familiar. Pero no debe asignarse a cada uno posiciones muy rígidas o demasiado desiguales. Si no, puede ser muy doloroso volver a cambiarlas. Debemos recordar siempre que la situación puede evolucionar. Para que el final del paro no sea vivido como una crisis familiar, es importante anticiparse un poco, reflexionar sobre los aspectos positivos, pero también los inconvenientes que puede aportar. Eso no significa en absoluto que haya que prohibir siempre ser solícito con el otro. A veces, eso puede incluso ayudar a reequilibrar relaciones de fuerza demasiado marcadas en el seno de la pareja. Aprovechar el período de paro para mimar a un marido hasta ese momento duro como una piedra es una forma de llegar debajo de su coraza y anudar lazos más próximos. Con la condición de que no nos perpetuemos demasiado tiempo en este tipo de relación...

Un relevo indispensable: la ayuda de un tercero

Si tuviéramos que definir el límite que debemos mantener ante un cónyuge en el paro, las propias palabras nos lo indicarían. Cuidar de él, sí. Curarlo ¡no! No tenemos que transformarnos en terapeuta de un prójimo, sobre todo si está mal. Sin duda, tenemos que escucharlo y asegurarle nuestro apoyo, pero es preferible que no nos convirtamos en la almohada de su malestar. Para asumir este papel es mejor confiar en una tercera persona: cuando nos afecta de cerca, no podemos reaccionar de forma objetiva, ya que estamos en el mismo barco... Los amigos, menos implicados directamente, constituyen en este sentido un relevo muy valioso. Los grupos de personas sin trabajo son también lugares en los que es posible encontrar un oído comprensivo. Por último, si el malestar es demasiado fuerte, puede valorarse la consulta a un psicólogo. Se trata de una persona neutral, lo que significa que puede entender los problemas que le confiamos sin que por ello quede afectada nuestra vida privada. Además, tiene la ventaja de poner límites. El propio marco de una sesión de terapia obliga a seguir algunas reglas: se efectúa en un lugar preciso, y sobre todo no supera un tiempo determinado, definido previamente. Eso permite al que habla no dejarse llevar por el placer del lamento sin fin, que por definición no aporta ningún cambio positivo. Por último, el psicólogo nos puede ayudar a reflexionar sobre nosotros mismos mejor de lo que lo haríamos solos o con un allegado. Su formación y su experiencia le permiten reformular lo que decimos de forma que eso pueda tomar sentido.

Hacer un trabajo sobre sí mismo

Sin duda, esta gestión no es una receta que sólo hay que seguir para que todo el mundo se sienta mejor. En general, se produce a largo plazo y presenta tantas variaciones como personas existen. Pero a menudo permite distinguir dos niveles que ayudarán al que se presta a estos a seguir un camino interior.

Primer punto: el apoyo. El terapeuta, al escuchar con benevolencia, ayuda a la persona en paro a recuperar su confianza: confianza en lo que es, confianza en lo que puede llegar a ser. Esta restauración de la autoestima ya aporta un alivio por sí sola. Pero existe un segundo nivel, más profundo y más duradero, que consiste en crear vínculos entre los acontecimientos de hoy y la historia pasada. Porque, como se ha visto, a menudo es la que puede aclarar el comportamiento. Algunos acontecimientos rechazados en el inconsciente interfieren en efecto en el presente deformándolo y provocando reacciones poco inconvenientes: se reacciona a lo que pasa hoy en la forma de lo que pasó ayer.

Entender eso, renovar los hilos, volver a subir la pendiente que lleva a la infancia, nada puede cumplirse sin esfuerzo. Es lo que denominamos hacer un «trabajo» sobre sí mismo. En algún momento de la vida, en la que justamente hemos sido privados de esta, este paso puede resultar particularmente beneficioso. La diferencia es que en lugar de actuar en el mundo exterior el esfuerzo se centra en mover la organización interior. Mientras esperamos a que llegue el nuevo empleo, ¿por qué no realizar este trabajo?

Lo esencial

Cuando el cónyuge está desempleado, es difícil encontrar la distancia justa. En efecto, es preciso arreglárselas con su susceptibilidad y su actitud a veces agresiva, sin caer en la compasión ni evitar todo lo que lo enfada.

Por miedo a ser engullido por la tormenta, nos mantenemos a veces en una prudente distancia. Cuando nos sentimos amenazados por la fragilidad del cónyuge es porque este tenía la función de colmar nuestras carencias y protegernos contra las agresiones exteriores.

Es mejor no caer tampoco en el exceso contrario: se puede intentar ayudar a la pareja, con la condición de no convertirla en un niño. Si no, corremos el riesgo de sentirnos desposeídos cuando encuentre trabajo y ya no necesite este apoyo.

Para aliviar al otro, lo mejor es acudir a un terapeuta profesional: por su neutralidad y su competencia profesional, está mejor situado que un allegado para dar sentido a la palabra y suscitar un auténtico trabajo sobre sí mismo.

Capítulo 9

A mi edad, estoy acabado

Cuando se acerca la edad de la madurez, el desempleo se vive a menudo como el golpe de gracia que pone fin a la vida profesional antes de tiempo. No obstante, es posible recuperarse en cualquier etapa de la existencia... siempre que estemos convencidos de ello.

Tras largos años pasados construyéndonos la carrera y subiendo escalones, ahora nos han detenido en plena ascensión: debido a la mala coyuntura económica, nuestra empresa ha decidido despedir a algunos trabajadores... Empezando, por supuesto, por los de mayor experiencia. Cuando todavía nos queda energía para vender y conocimientos para transmitir, nos cuesta mucho aceptar que seremos despedidos de ese modo. Y no nos hacemos muchas ilusiones.

A partir de los cincuenta años, cuesta mucho, o es casi imposible, encontrar trabajo.

Con el corazón en un puño tenemos la impresión de estar de repente fuera de la vida activa, sin la esperanza de poder enganchar de nuevo los vagones cualquier día. Bajo esta perspectiva, en ese momento acaba una parte de nuestra vida.

Afortunadamente, las cosas son mucho menos definitivas de lo que parecen. Sin duda, existe una realidad objetiva que hace que la reinserción en el trabajo sea más problemática a los cincuenta años que a los treinta. Las cartas de despido afectan a menudo en primer lugar a los trabajadores que están más cerca de la edad de jubilación. Es cierto. Como también es cierto que en algunos sectores la experiencia y la madurez raramente se consideran más como un obstáculo que como una baza para la empresa. Pero esas dificultades suplementarias no son en absoluto incapacitantes. Muchos ejemplos demuestran que se puede salir a flote en cualquier etapa de la vida, siempre que tengamos el deseo de hacerlo y que creamos realmente en nosotros mismos.

En plena posesión de sus medios

Al apuntar eso, no se trata de hacerse el optimista ingenuo, sino de dar al acontecimiento que le afecta unas proporciones más justas. La percepción de la edad que se tiene y del gasto que provoca es muy relativa. Afirmar que a los cincuenta años estamos acabados es negar la realidad demográfica. A esta edad, ¡quizá todavía estamos a la mitad de nuestra existencia! Todo sucede como si se razonara hoy con los datos de ayer. Pero hoy en día la fisiología del ser humano ha evolucionado considerablemente: la esperanza de vida ha dado un auténtico salto hacia delante y la salud y el bienestar han mejorado mucho. Esta observación tiene que matizarse según la dureza del trabajo que ejercemos. Pero en general, a los cincuenta años todavía estamos en plena facultad de nuestra capacidad física e intelectual. Lo que nos bloquea es la idea que nos hacemos de la situación, más que la propia situación.

¿Por qué? Porque al salir antes de tiempo de la vida activa, el paro nos envía otra perspectiva, más programada: la de la jubilación. Y sigue siendo, aunque simbólicamente para muchos, un primer paso hacia el envejecimiento y, por lo tanto, hacia la muerte. Detrás de esta separación del trabajo se esconde el espectro de lo inexorable. Por supuesto, todavía no ha llamado a nuestra puerta, pero se acerca. Mientras trabajábamos, mientras estábamos con gente de todas las edades, podíamos evitar afrontar esta caducidad. Pero hoy estamos solos en casa y es más difícil escapar a la angustia del final.

El dictado de la eterna juventud

En cierto modo, es como si, de repente, nos sintiéramos viejos. Vernos sin trabajo cuando llegamos a la edad de la madurez representa simbólicamente una doble exclusión: como todo el mundo, sentimos que nos dejan aparte de la comunidad que forman los que trabajan. Pero además, tenemos la impresión de que hemos sido expulsados del grupo de «jóvenes». Con el trabajo, hemos perdido el vínculo entre nosotros y las generaciones siguientes. Por supuesto, para mantener el contacto, podemos apoyarnos en nuestros hijos o los de los amigos. Pero esta relación no puede ser igualitaria. Sólo el trabajo ayuda a borrar durante unos instantes la diferencia de edad que existe entre colegas.

Esta exclusión es muy dolorosa porque, además, nuestra sociedad se ha sumergido en cuerpo y alma en una juventud forzada. Los anuncios publicitarios claman que se puede decir la edad... con la condición de parecer diez años más joven. Las revistas están repletas de gente dinámica, bella, activa. Incluso la gente mayor adopta un aire juvenil. Cuando estamos sin actividad profesional, nos sentimos lejos de este modelo: estamos fuera de la carrera. La eterna juventud se convierte al mismo tiempo en un ideal que nos gustaría alcanzar (¿y quién no sueña con envejecer lo más tarde posible?) y el símbolo de aquello a lo que ya no podemos acceder, puesto que hemos bajado del tren en marcha. Aunque sea muy subjetivo, este sentimiento impide que podamos proyectarnos en el futuro: el horizonte se empequeñece hasta formar sólo un puntito negro.

Una manera de no arriesgarse

El abatimiento que se siente es a veces también proporcional al tiempo que se ha pasado ejerciendo la profesión. Cuantos más años le hayamos dedicado, más pesará la pérdida en nuestro corazón. Cuanto más hayamos dado de nosotros mismos, más difícil será superar el luto. Cuanta más energía hayamos consumido, más viviremos el rechazo como una traición. Si el trabajo es la base de nuestra identidad, con la edad se vuelve inseparable de nosotros mismos. Como una columna vertebral en la que nos apoyamos para estructurar nuestra vida. Eso resulta particularmente cierto para los que han estado siempre en el mismo puesto. Pensar en un cambio exige entonces una buena dosis de ánimo: no es fácil abandonar lo que ha formado parte de nosotros durante una gran parte de nuestra vida...

Entonces a veces preferimos pensar que eso ya no es posible. Sentirnos excluidos por la edad es, en el fondo, una forma aceptable de no arriesgarnos. Es ponernos a nosotros mismos obstáculos exteriores a nuestra realización: antes que tener que enfrentarnos a la incertidumbre del día siguiente y a lo que pueda suceder, preferimos considerar que el problema está definitivamente resuelto. Mal resuelto, sin duda, pero cerrado. Más que el mercado de trabajo a menudo es el miedo a adentrarnos en lo desconocido lo que impide que volvamos a encontrar trabajo. Pensar que tenemos que poner un punto a nuestra vida profesional evita tener que moverse interiormente. Una

actitud que prima la comodidad, pero que resulta
mucho más incómoda a largo plazo.

Perder para ganar

Tengamos la edad que tengamos, siempre es posible evolucionar. Incluso resulta saludable para sentir
que existimos, porque la vida misma está en perpe-
tuo movimiento. En esta historia, la edad representa
casi siempre sólo una coartada. Y la juventud es, en
el fondo, sólo una construcción de la mente.

Sin duda, a los cincuenta años no vamos a cambiar de personalidad como se cambia de ropa. Existe en cada uno de nosotros una parte invariable
que constituye la columna vertebral de nuestra
construcción psíquica. Pero esta base inamovible
no condena a no poder avanzar. Es la estructura
donde podemos construir sin parar nuevos edificios
de nosotros mismos. Reorientarse, buscar nuevos ho-
rizontes, estas son perspectivas que no se reservan a
los más jóvenes. Algunos itinerarios demuestran que
es posible cambiar de trabajo, incluso de profesión,
mucho después de los cuarenta. Rompiendo con un
camino marcado, el paro puede representar justa-

mente una oportunidad para tomar otros senderos y descubrir comarcas desconocidas que no sospechábamos, incluso en la madurez. Pero para ello es preciso aceptar a renunciar a una parte de nosotros: lo que hemos sido hasta hoy cambiará con estos movimientos. Para ganar algo, es necesario aprender a perder. Cuando aceptemos esta regla, nos daremos cuenta de que el juego siempre merece la pena.

Una experiencia valiosa

Eso no significa, por supuesto, que haya que hacer *tabula rasa* del pasado. La experiencia representa una riqueza insustituible que, sobre todo, no debe despreciarse. Precisamente podremos salir adelante al apoyarnos en esta. Sin ser necesariamente conscientes de ello, con los años hemos adquirido un saber hacer, cualidades, reflejos profesionales de los que un principiante no puede presumir. ¡Aprendamos a reconocerlos! Algunas asociaciones permiten realizar un balance de competencias. El principio es buscar los puntos fuertes y los conocimientos que hemos acumulado con los años para

construir un proyecto para explotarlos. Aproveche-
mos este período de paro para beneficiarnos y reflexionar de paso sobre un eventual cambio de
destino. ¿Y si fuera la oportunidad para buscar en el
futuro otro tipo de trabajo? Viendo nuestra experiencia y las relaciones que nos hemos forjado a lo
largo de los años, quizá sea el momento de seguir
una formación complementaria para dar más em-
paque a nuestro bagaje. Una cosa es segura: más
que intentar encontrar exactamente lo que se ha
perdido, resulta a menudo mucho mejor descubrir
nuevos territorios. Sin duda, no podemos pretender
encontrar los mismos puestos de trabajo que un joven de treinta años, pero tenemos un as en la man-
ga que nos permite mirar al futuro de manera dinámica.

¿Prohibido el placer?

De manera más general, debemos aprender a sacar
partido de esta situación de inactividad forzada, incluso en los ámbitos que no están relacionados con
el trabajo. Ahora tenemos la oportunidad de llevar a
cabo los deseos que no hemos podido cumplir nun-

ca... Para ello, primero deberemos permitirnos algún placer. Y, paradójicamente, no es la parte más fácil... Porque, cuando no tenemos empleo, a veces nos sentimos culpables por llenar el tiempo libre con algo agradable. Como si tuviéramos que vivir el paro exclusivamente desde el punto de vista del sufrimiento. Como si tuviéramos que castigarnos por no tener trabajo. Como si el placer se nos hubiese prohibido. En este asunto, la mirada social tiene un peso extremadamente duro. Pero si la compasión casi siempre gana la partida a las críticas, el parado todavía se ve como un inútil, o incluso un aprovechado. En la medida en que no contribuye al bien común, queda estigmatizado para el resto de la sociedad y desencadena reproches y sospechas: «Cuando se busca trabajo, se encuentra», susurran las malas lenguas. «Hay que perseguir los abusos», dicen los políticos.

Entonces, nos sentimos aludidos y culpables y nos privamos del más mínimo placer. Puesto que estamos buscando trabajo, estamos obligados a quedarnos clavados junto al teléfono, no sea caso que... ¿ir al cine? Ni hablar. Y si vamos, lo hacemos con tan mala conciencia que no podemos disfrutar del momento.

Aprender a hacer el bien

Es necesario que aprendamos a desprendernos de esa mirada culpabilizadora para lograr distanciarnos un poco. Después de todo, nosotros no hemos escogido lo que pasa. Pero al menos podemos reivindicar la libertad de vivir esta situación a nuestra manera. Como siempre, puede ser enriquecedor invertir las perspectivas: la edad tiene algunos inconvenientes, pero puede ser también una buena baza. Con el tiempo, a menudo es más fácil relativizar lo que los demás piensan o dicen de nosotros. Más que a los veinte o treinta años, uno es capaz de ver que no se puede agradar a todo el mundo sin sentirse demasiado afectado. Si no asumimos completamente el estatus de desempleado, intentemos al menos no convertirlo en una penitencia. Y no debemos preocuparnos por el qué dirán. No será condenándonos a la depresión como lograremos resolver nuestros problemas, ¡al contrario! Permitirnos algún placer, cuidarnos, es renovar la autoestima en nosotros mismos; por lo tanto, debemos poner en marcha un círculo más virtuoso que el de la vergüenza. Aunque no forme parte de nuestras costumbres, debemos aprender a permitirnos algunas satisfacciones: nunca es demasiado tarde para hacerlo...

Lo esencial

Pasada una determinada edad, a menudo el desempleo se vive como una exclusión definitiva del mundo del trabajo. Sin embargo, esta percepción de las cosas dramatiza mucho la realidad. Aunque sea más difícil encontrar un empleo después de los cincuenta años, no hay nada imposible.

Este pesimismo se explica, entre otras cosas, por la resistencia al cambio. Más que exponernos a lo desconocido, preferimos pensar que los obstáculos exteriores son insuperables.

Al sentirnos excluidos del mundo activo, perdemos también contacto con generaciones más jóvenes. Así, nos encontramos de frente con el espectro de la jubilación y, por lo tanto, con el de nuestro propio envejecimiento.

Más que ver la edad como un obstáculo, es importante considerarlo como una baza: la experiencia representa una riqueza muy valiosa que es posible reutilizar en otra parte y de otra forma.

Conclusión

Esta obra nos ayuda a darnos cuenta de lo que el desempleo representa para cada uno, como una prueba portadora de angustias y sufrimiento. Pero también ayuda a demostrar que siempre existe, estrechamente ligado, algo bueno y algo malo. Sin intentar negar las dificultades ni querer «positivarlas» a cualquier precio, es posible ver en la crisis una apertura hacia un futuro diferente. Más allá de los problemas que plantea el día a día, más allá de la herida que provoca, la falta de trabajo puede convertirse en una oportunidad para cambiar las costumbres, aligerar un funcionamiento familiar a veces demasiado rígido, en definitiva, ampliar el campo de lo posible. Cuando el desempleo llega a la familia, todo puede suceder: lo peor, pero también lo mejor…

Este cambio no se produce a golpe de varita mágica. Exige esfuerzos y un auténtico «trabajo» sobre nosotros mismos. También exige que prestemos atención a nuestro entorno para entender mejor las reacciones de la persona afectada y responder a estas de forma aceptable.

Superar el desempleo en familia

La historia tiene el antiguo perfume de un viejo proverbio: «No hay mal que por bien no venga».

Bibliografía

Barrere-Maurisson, Marie-Agnès: *Le Couple face aux crises,* col. «Dialogues de l'AFCC», n.º 77.

Bourdieu, Pierre: *Contre-feux,* Raisons d'agir éditions, 1998.

Dejour, Christophe: *Souffrance en France - La banalisation de l'injustice sociale,* Seuil, 1998.

Doleux, Catherine: *Chômage, vos nouveaux droits 2004,* Prat éditions, 2003.

Estais, François d' y Nathalie Roussel: *Le Couple face au chomage,* éditions du Cerf, 1998.

Freud, Sigmund: *Psychanalyse, textes choisis,* PUF, 1967.

Artículos

Le Monde diplomatique, junio de 2003 (número dedicado al trabajo).

Rhizome, n.º 5, julio de 2001 (serie de artículos sobre los efectos del trabajo en la psique).

Para los niños

David, François: *Le Boulot de Loulou,* col. «Premiare lune», Nathan, 1999.

Superar el desempleo en familia

DESPLAT-DUC, Anne-Marie: *Cet été, on déménage*, col. «Cascade», Rageot, 1997.

FÉRET-FLEURY, Christine: *Baisse pas les bras, papa!,* col. «Castor poche», Flammarion, 2001.

LUGER, Harriet: *La clef sous la porte*, Pocket junior, 2000.

SAINT-MARS, Dominique de: *Le père de Max et Lili est au chômage*, Calligram, 1998.

Contactos útiles

Servicios públicos de empleo

«Los Servicios Públicos de Empleo ofrecen a los ciudadanos la posibilidad de: encuentro entre empleadores y trabajadores que buscan empleo, mejora de la ocupabilidad de los trabajadores e incremento de la experiencia profesional».

http://www.inem.es/ciudadano/empleo/empleo.html

Oferta y demanda en internet

http://www.infoempleo.com
http://www.todotrabajo.com
http://www.infojobs.net

Formación profesional ocupacional

http://www2.inem.es/sggfo/formacion/entrada.asp

Talleres de empleo

http://www.inem.es/ciudadano/etco/tallerem/tallemin.html

Escuelas taller y casas de oficio
Aprender a trabajar y trabajar aprendiendo.
http://www.inem.es/ciudadano/etco/indetyco.html

Servicio de colocación europeo
http://europa.eu.int/eures/index.jsp

Asociaciones de desempleados
En las distintas ciudades o comunidades autónomas.
Diríjase a su ayuntamiento.

Desempleo + 35
Interesante página web que ayuda a encontrar trabajo, especialmente a los mayores de 35 años.
http://www.desempleomas35.com/

Índice